교회 해체와
젠더 이데올로기

교회 해체와 젠더 이데올로기

발행 2018년 1월 30일
6쇄 2021년 9월 3일
7쇄 2024년 11월 12일

지은이 이정훈
발행인 윤상문
디자인 표소영
발행처 킹덤북스
등록 제2009-29호(2009년 10월 19일)
주소 경기도 용인시 기흥구 동백동 622-2
문의 전화 031-275-0196 팩스 031-275-0296

ISBN 979-11-5886-126-1 (03230)

Copyright ⓒ 2018 이정훈
이 책은 저작권법에 따라 보호받는 저작물이므로 무단전재와 복제를 금지하며,
이 책의 내용의 전부 또는 일부를 이용하려면 반드시 저작권자와 킹덤북스의
서면 동의를 받아야 합니다.

※ 잘못된 책은 구입하신 곳에서 교환하여 드립니다.
※ 책 가격은 표지 뒷면에 있습니다.

 킹덤북스(Kingdom Books)는 문서사역을 통해 하나님의 나라를 확장하고, 한국 교회와 세계 교회를 섬기고자 설립된 출판사입니다.

교회 해체와 젠더 이데올로기

THE DECONSTRUCTION OF CHURCH AND GENDER IDEOLOGY

이정훈 지음

킹덤북스
Kingdom Books

| contents |

저자 서문 ·· 6
추천사 ·· 8

chapter 01 서론 ·· 17

1. 사회 구성체론과 반미·반기독교 사상 • 24
2. 루이 알튀세르의 영향 • 26

chapter 02 패륜의 사상사 ·· 31

1. 구조주의, 후기 구조주의, 포스트모더니즘 • 33
2. 세계를 바꾼 68혁명 • 51
3. 프랑스의 자살과 민주주의의 위기 • 80
4. 한국의 동성혼 소송, 그리고 독일과 일본의 상황 • 101

chapter 03 한국 좌파의 계보와 사상 ·· 139

1. NL(주사파)과 PD(레닌주의파) • 141
2. 한국의 좌파 세력의 반미·반기독교 투쟁과 전략 전술 • 152

chapter 04 올바른 정교분리 이론의 확립 ·· 159

1. 문제 제기 • 161
2. 정교분리의 개념 • 162
3. 불교계의 종교 편향 주장에 관한 분석 • 169
4. 종교 차별 금지법안의 분석 • 171
5. 소결 • 178

교회 해체와
젠더
이데올로기

 **한국 사회의 인권 담론에서 샌드라 프레드먼의
"인권의 대전환"이 갖는 의의에 관한 분석**
— 교육의 정치적 중립성을 중심으로 — ········· **181**

1. 서론 · 183
2. 인권의 교조화와 민주주의의 훼손 · 185
3. 유모 국가와 인권 인플레이션 · 189
4. 인권의 대전환과 교육의 정치적 중립 · 194
5. 결론 · 202

 맺음말을 대신하는 한국 교회를 향한 호소문 ········· **205**

1. 인류 파멸의 젠더 이데올로기 · 207
2. 소련의 붕괴와 좌파의 좌절 · 209
3. 68혁명과 신좌파 · 210
4. UN을 점령하고, 한국을 획득하라 · 213
5. 영적 전쟁의 실체 · 215
6. 호소 · 217

미주 ·· **219**

저자 서문

예수님이 길이요 진리요 생명이니 예수님으로 말미암지 않고서(요 14:6)는 구원이 없다는 표현이 비크리스천들을 불쾌하게 할 수 있기 때문에 인권 보장을 위해 제재됨이 마땅하다는 생각이 법제화 되는 세상이 도래하고 있다. 교회가 세운 학교에서 성경을 가르치는 것이 제한당하고 예배를 금지하는 것이 인권이고 공익이라는 급진적 변화가 밀어닥친다. 크리스천의 정체성을 숨기고 다른 종교인들을 배려하는 것은 미덕이 되고, 오히려 크리스천의 신앙 고백은 위법한 것이 되어간다. 선교 행위를 노상에서 담배를 피워 주변에 피해를 주는 것과 동일시하는 관점에서 혐연권이 흡연권에 우선하는 것처럼 선교를 금지해 달라는 주장이 버젓이 제기된다. 반면 이슬람교의 특수성을 고려하여 무슬림의 기도 시간과 음식 등을 특별히 배려해 주는 것은 소수자를 보호하기 위한 인권이 된다. 법 이론에 과문한 사람도 직관적으로 뭔가 이상하다는 것을 감지할 수 있다.

교육 방송에서 자위행위를 가르치는 음란 방송을 하면서 이것이 인권 교육이라고 주장한다거나 남과 여를 구분하는 것이 차별이라고 가르치는 상황이 한국 사회에서도 점점 익숙해져 간다. 교회 내에서도 세상의 눈치를 보며 명확한 성-결혼-가족에 관한 도덕과 윤리의 기준을 설파하지 않고, 오히려 세상의 흐름에 동조하는 것이 세련되고 지적인 것으로 수용되기 시작한다. GM(성주류화)의 파도는 어린이와 청소년에게서 "아버지"와 "어머니"라는 단어를 빼앗아 갈 것이고, 이 아이들이 자라서 가슴 속에 사랑으로 아버지와 어머니를 부를 수 없는 정서를 가지게 될 때 인류는 어떤 상황에 직면하게 될 것인가? 상상도 하기 싫지만 이것이 현재 우리가 직면한 현실이다.

현재만 있고 나중은 없다. 지금 우리의 무관심과 무지가 이러한 상황을 방조하거나 오히려 이러한 추세를 지지하고 옹호한다면 교회가 해체되고 가정이 해체되어 궁극적으로는 근대적 국민 국가를 해체하고 산업자본주의를 해체하는 시대가 도래할 것이다. 이 해체의 결과가 무엇인지 해체를 주장하는 이론가들조차 치밀하게 분석해 본 적이 없다는 사실이 경악스럽다. 이 책은 후일 우리가 우리의 안일과 무지, 혹은 교만으로 인해 책임을 회피할 수 없는 중대하고도 위험한 상황에 처하게 될 것임을 알리기 위해 기획 되었다. 또한 엄중한 역사 앞에서 책임 있는 행동을 촉구하기 위해서, 다음 세대의 마음에서 아버지와 어머니라는 사랑의 언어를 지켜주기 위해서 집필되었다. 끝으로, 사랑으로 부족한 자의 옆자리를 항상 지켜주는 아내에게, 기도로 동역해 주시는 수많은 지지자들께 감사드린다.

죄로 인해 죽을 부패한 자를 직접 찾아와주시고 구원하여 주신 영원하시고 거룩하시며 어떤 언어로도 다 찬양할 수 없는 유일하신 진리, 나의 주 나의 하나님이신 예수님께 이 부족하고 하찮은 책을 바칩니다.

2018년 1월 20일 기도처가 되어 버린 해운대 바닷가에서
저자 이정훈

추천사

지금은 거대한 영적 전쟁의 시대이다. 영적 전쟁은 사탄의 세력과의 싸움이지만 사상전(思想戰) 곧 이데올로기 전쟁이다. 영적 전쟁에 승리하기 위해서는 논리는 논리로, 사상은 사상으로 맞대항을 해야 한다. 1847년 화란의 수상을 역임했고 19세기 칼빈주의 부흥 운동가요, 아브라함 카이퍼의 멘토인 흐룬 판 프린스터러(Groen van Princetere)의 명저 『불신앙과 혁명』(Ongeloof en Revolutie)이란 책이 칼 맑스가 공산당 선언을 하기 1년 전에 출간되었다. 즉 맑스의 공산주의 이데올로기는 불신앙에서 나온 것이라는 예언서인 셈이다. 19세기는 계몽주의 시대로서 No God, No Master(하나님 없애고 주인도 없애라)라는 구호를 외치며 공산주의자들이 길길이 날뛰었다. 오늘날은 세계적으로 제2의 계몽주의 시대이다. 포스트모던 시대에 발맞추어 모든 것이 부정되고 해체되는 시기이다. 오늘의 한국 교회는 안팎으로 커다란 위기에 직면했다. '어둠의 세력'들은 한국 교회를 박멸하고 파괴하기 위해서 구체적으로 정치, 경제, 사회, 문화, 역사, 교육 등 삶의 모든 영역에 침투하였다. 신 맑스주의로 포장된 사회주의 이상을 실현하려는 자들은 일차적으로 제거 대상을 교회로 보고 교회를 해체하려고 부단히 노력하고 있다.

그들은 겉으로는 '인권'을 앞세우고 '민주'를 포장하면서 장애 세력인 교회를 없애거나 무력화시키는 전략을 세우고 있지만, 그동안 한국 교회 지도자들은 반기독자들의 공작에 속수무책이었고 적들과 싸움에서 대항하기 위한 논리적 준비가 부족했다. 그런데 최근에 울산대학교에서 법학을 가르치는 이정훈 교수께서 한국 교회를 해체하려던 기관 「종교자유정책연구원」의 연구위원으로서 교회를 파괴하려고 연구를 하다가 도리어 예수 그리스도의 생명의 복음을 받아들이고, 회심한 후 종북 세력과 공산주의 이데올로기에 맞서 최전선에 싸우면서 한국 교회를 깨우고, 경고하고 있음에 무척 기쁘고 감사하게 생각한다. 나는 그의 저서를 읽고, 유튜브를 통해서 그의 강의를 들으면서, 또한 그와 직접 대화를 나누는 중에, 하나님은 이 교수를 오늘의 한국 교회를 위해 준비한 그릇임을 확인하였다.

그는 이 책에서 교회를 파괴하려는 구조적인 모든 세력들의 조직과 속내를 논리적, 법리적, 철학적으로 파헤치고 있다. 특히 한국 교회를 향해서 칼빈의 종교개혁 사상과 청교도적 신앙 회복, 순교자적 신앙으로 돌아가야 할 것을 외치는 이 교수를 나는 적극 후원하고 지지한다.

정성구 명예교수(전 총신대·대신대 총장, 한국칼빈주의연구원장)

이정훈 교수는 보기 드문 창조적 소수 중의 소수다. 그는 파르스름하게 빛나는 날선 이성의 검을 가지고 이 시대 교회를 해체시키려고 하는 젠더 이데올로기의 실체와 음모, 전략을 낱낱이 해부한다.

그 앞에서는 교회의 영광성과 거룩성을 무너뜨리려는 그 어떤 반기독교 세력의 위장도 가면이 벗겨지고 양을 삼키려는 이리의 민낯을 드러내게 된다.

더 놀라운 것은, 그가 좌우사상을 관통하는 깊고 폭넓은 지식과 통찰, 직관을 지녔을 뿐만 아니라 머리가 아닌 몸으로 부딪치고 박살나고 깨지면서 체득한 광야의 영성을 가졌다는 것이다. 그는 마치 사도 바울이 예수 믿는 자들을 살해하기 위해 달려갔던 다메섹 도상에서 예수님을 만나고 회심한 후, 위대한 복음의 사도로 쓰임 받았던 것처럼, 이 시대의 사상전과 영전을 위하여 하나님이 예비하시고 연단하신 현대판 사도 바울이다.

이정훈 교수는 예수님께 자신의 심장을 드렸다고 고백한다. 그리고 한국 교회 사상전, 영전의 최전방에서 목숨을 걸고 싸우고 있다. 하나님의 구속사가 이어지는 한, 한국 교회는 결코 실패하지 않을 것이라 담대하게 선포하며 지금도 달려가고 있다. 그리고 그 모든 사상과 투혼의 영성을 집약하여 『교회 해체와 젠더 이데올로기』를 출간하였다.

패륜의 사상사, 한국 좌파의 계보와 사상, 올바른 정교분리 이론의 확립, 국가인권위원회와 인권의 역설: 민주주의의 훼손과 인권인플레이션, 혐오 표현과 표현의 자유를 둘러싼 딜레마와 법, 한국 교회를 향한 호소문 등 한 장, 한 장을 넘길 때마다 반기독교 사상의 실체를 벗겨내는 비서(祕書)를 읽는 듯한 가슴 서늘한 스릴과 영적 각성을 일으킨다.

빌헬름 라이히의 성 정치와 네오 막시즘, 68혁명, 한국 좌파들의 반기독교 투쟁과 전력 전술, 종교 차별 금지법안의 분석 등 한국 교회 목회자라면 반드시 알아야 할 내용들을 낱낱이 소개한다. 우리 시대에 목회자가 반드시 읽어야 할 딱 한 권의 책을 꼽으라면 단 1초의 주저함도 없이 이 책을 추천하겠다. 목회자가 이 책을 읽지 않는 것은 직무유기이다. 이 책을 읽고 소리 내지 않는다면 비겁한 도망자다.

한국 교회 목회자와 성도들이여, 저 허허벌판 광야에서 홀로 서서 호소하는 그의 외침에 응답하자. 그와 함께 소리치자. 거룩한 사상전과 영전에 참여하자. 한국 교회가 민족의 심장이 아닌가. 세계의 심장이 아닌가. 이 심장이 멈춰지지 않도록 힘을 모아 함께 싸워 나가자.

소강석 목사(새에덴교회 담임 목사, 한국기독교공공정책협의회 대표회장)

복음의 순수성을 훼손시키려는 마귀의 전략은 점점 다양하고 교묘해지고 있습니다. 그중에 최근 가장 강력한 무기로 떠오른 것이 소수자 인권이라는 이름으로 포장된 동성애입니다. 동성애는 하나님의 창조 질서를 근본부터 흔드는 것으로 기독교뿐만 아니라 기존 사회 체제의 전통과 가치를 무너뜨리는 심각한 문제입니다. 서구의 많은 기독교 국가들이 동성애 차별 금지법을 막지 못해서 참된 신앙의 길을 잃어버리고 무너져, 기독교 신앙의 근간이 흔들려 버렸습니다. 한국 교회가 세계 복음 전선의 최후의 보루로서 마귀의 전략을 철저히 이해하고 분석하여 지혜롭게 대처해야 할 필요성을 절감하게 되었습니다. 지금도 많은 그리스도인들이 동성애가 신앙적, 윤리적, 병리적, 사회 전통적 통념에서 잘못된 것이라고 알리고 있지만 사회적인 반발이 적지 않습니다. 그런데 이번에 이정훈 교수께서 『교회 해체와 젠더 이데올로기』를 통해 동성애를 받아들이면 안 되는 정치적, 사상적인 근거를 제시해 주셨습니다. 복음적인 시각으로 동성애를 연구해 주신 이정훈 교수님의 수고에 감사를 드리며 교수님의 저서가 사탄의 전략을 훼파하고 한국 교회를 보호하는 믿음의 무기로 귀하게 쓰임 받게 되기를 기대합니다.

이영훈 목사(여의도순복음교회 담임 목사)

이정훈 교수와 저는 1999년 만났습니다. 저는 25사단 군종 참모(기독교 군목, 소령)이었고, 이 교수는 예하 70연대 군종 법사(불교 군승, 중위)였습니다. 제가 군목으로 있었던 14년 동안 그렇게 탁월한 실력을 갖춘 군종 법사는 처음이었습니다. 그런데 그를 하나님께서 만나주셨습니다. 그것도 아주 드라마틱하게 만나주셨습니다. 그렇게 만나지 않으면 회심하지 않을 것을 아셨기 때문입니다. 그리고 지금은 과거의 군종 참모가 담임하는 교회에서 함께 하나님을 섬기고 있습니다. 이렇게 기가 막힌 역전 드라마, 대본이 없는 감동 드라마를 펼쳐 가시는 분은 하나님이십니다. 종교개혁가 칼뱅(John Calvin)의 말대로 역사는 하나님의 무대이며 감독은 하나님이시고 우리는 그 무대 위에 배우들입니다. 이정훈 교수의 배역을 드라마틱하게 바꾸신 하나님을 찬양합니다. 지금도 그렇지만, 앞으로 더욱 한국 교회를 위해 사도 바울처럼 놀랍게 쓰시길 기도하고 있습니다.

이 책은 법철학을 전공한 학자로서 이정훈 교수가 오늘 한국 사회와 교회가 진통하고 있는 문제를 사상사적으로 명쾌하게 풀어준 명저입니다. 이 책을 읽을 때 한국 사회와 교회의 위기에 대한 바른 진단이 가능하고 동시에 바른 대안 제시가 가능할 것입니다. 한국 사회와 교회를 살리고자 하는 분들이 꼭 읽기를 강력히 추천합니다.

박성규 목사(부전교회 담임 목사)

본 저서는 법철학과 법사상사의 전문가이면서 오랫동안 반기독교 진영에 있다가 회심한 분에 의해 적혀졌기에, 매우 논리적이고 체계적이며 객관적으로 내용들이 구성되어 있다. 한국 사회에 갑자기 불어 닥친 동성애 돌풍이 어떻게 생기게 되었는지에 대해 근원적으로 명쾌하게 설명해 주며, 한국 내에서 동성애 옹호와 정치가 어떻게 연관되어 있는지도 설명해 주고 있다. 또한 정치와 종교의 분리에 대한 정확한 이해를 갖게 하며, 인권의 교조화, 인권 인플레이션, 유모 국가 등을 언급함으로써 현재 한국 사회에 퍼져 있는 인권에 대한 오해를 종식시키고, 혐오 표현과 표현의 자유에 대해서도 자세하게 논리적인 설명을 해 준다. 그리고 마지막 부분에는 순수한 믿음을 지키기 위하여 순교적인 마음을 갖도록 결단을 촉구하고 있다. 어떤 부분에는 이해하기 어려운 내용들이 있지만, 한국 사회의 전체적인 흐름에 대한 통찰력과 전반적인 안목을 갖게 만들기에 지식인들에게 강력히 이 책을 추천해 드리고 싶다.

본 저서에서 소개하는 전 세계를 휩쓸고 있는 윤리 붕괴 현상의 밑바닥에는 인간의 존재 가치를 부정하는 무신론, 유물론, 진화론이 있다고 본다. 학교 교육을 통하여 인간의 존재 가치를 부정하고 음란을 정당화하는 성교육을 실시함으로써, 포르노와 같은 음란 문화를 통하여 성적인 죄악을 어린 나이 때부터 범하도록 유혹하고 있다. 진화론으로 인간의 이성을 공격하여 믿음과 존재 가치를 잃어버리게 하고, 음란으로 성적인 죄를 지어서 하나님으로부터 멀어지게 만든다. 이러한 안타까운 상황을 이길 수 있는 유일한 길은, 영적 지도자들이 말씀에 근거한 굳건한 믿음을 갖고 경건한 삶을 사는 본을 보여 주어서 다음 세대로 하여금 믿음과 거룩을 지닌 의인들이 되도록 인도해야 한다. 음란하고 악한 세상을 이길 수 있는 참된 믿음이 있을 때에만 이 세상에 휩쓸리지 않기 때문이다.

동성애 옹호를 학문, 교육, 언론, 문화 등의 방법으로 세뇌하고, 법, 정치 등으로 강제력을 동원하여 강요하는 현 상황을 보면서, 오히려 하나님을 믿는 믿음 외에는 음란과 죄악의 길에서 벗어날 수 없음을 더욱 절실하게 느낀다. 오직 하나님의 품 안에서 기뻐하며 하나님의 말씀을 지키는 거룩한 삶을 살면서, 하나님과 하나가 되는 것만이 피조물인 인간이 행복해지는 유일한 길임을 절감한다. 스스로 교만하여 하나님의 손을 뿌리치는 순간, 죄악에 빠져서 결국 사탄의 노예로 비참한 종말을 고하게 된다. 하나님의 사랑을 입었던 서구 사회가 하나님을 떠남으로써 오늘날의 비참한 현실을 직면하게 되었다. 한국만은 서구의 전철을 따르지 않고 하나님의 은혜 안에 거할 수 있도록, 영적 지도자들이 깨어서 하나님과 동행하길 바란다. 본 저서는 영적 지도자들로 하여금 현 상황의 심각성을 깨닫게 만들기에, 꼭 한번 읽어보길 강력히 추천한다.

길원평 교수(부산대학교 교수)

건전한 보수 기독 신앙인들이 아직도 많이 있는 미국에서 2015년 6월 동성결혼이 합법화되는 것을 보고 깜짝 놀랐다. 우리나라에도 동성결혼의 합법화의 거센 물결이 밀려오겠다는 생각으로 신학자, 심리학자, 법학자, 과학자 등 학자들이 2015년 12월 한동대학교에 모여서 '동성혼과 한국 교회의 과제'라는 주제로 첫 학술대회를 하였다. 그 후 [결혼과 가정을 세우는 연구모임]을 창립하여 지금까지 총 8차례의 학술대회를 진행하면서 동성결혼의 문제점과 대응에 대하여 심도 깊은 학술적 논의를 하였다.

학술대회를 하면서 우리나라에는 동성결혼의 합법화 요구가 적어도 몇 년 후에야 있을 것으로 생각하였지만, 2017년 6월 국회개헌특위 회의록을 살펴보면서 깜짝 놀랐다. 2017년 1월부터 시작된 개헌 논의 안에는 동성애 차별금지와 동성결혼의 합법화를 요구하는 내용이 강력하게 들어 있었다. 개헌특위내 국회의원들은 개헌특위 자문위원들의 동성애 차별금지와 동성결혼 합법화의 주장에 이미 깊게 설득되어 있었다.

개헌을 통해 동성애와 동성결혼의 합법화를 주장하는 사람들을 추적해 보니, 이들의 주장은 하루아침에 나온 것이 아니라, 이미 그 이전에 포럼 등을 통하여 많은 학술적 논의가 있었고, 동성애 동성결혼의 합법화를 위해 단체도 만들었으며, 개헌특위 자문단에 이미 많은 사람들이 들어와 있었다는 사실을 확인하게 되었다.

전 국민의 1%도 되지 않는 동성애자들이 나라와 세계를 이렇게 흔들어 놓을 수가 있는가? 왜 진보 정치가들은 동성애를 적극 옹호하는가? 여성 페미니스트들은 동성애 합법화에 왜 저렇게 적극적인가? 이 모든 질문을 관통하는 흐름의 정체가 무엇일까? 그리고 그것이 목표하는 것은 무엇일까 정말 많이 궁금하였다. 그런데 놀랍게도 하나님이 예비해 두신 이정훈 교수님이 많은 강연을 통해 그것의 정체를 잘 밝혀 주었고, 이번에 그 내용을 책으로 출판하게 된 것을 정말 기쁘게 생각한다.

동성애가 성경 속에 있는 여러 죄 중에서 단순한 하나의 죄가 아니라, 이 사회 전체를 뒤집어 놓으려는 계략이라는 사실이다. 그 계략의 가장 큰 타겟 중의 하나는 바로 교회였다. 그러나 이러한 도전이 오히려 한국 교회를 살리는 계기가 될 것을 믿는다. 침체되었던 교회가 동성애를 대응하면서 회복되고, 부흥되는 사례를 여러 번 보았다. 그 이유는 그 일 가운데 하나님이 함께 하시고 성령님이 역사하시기 때문이다. 이정훈 교수님의 책이 한국 교회를 깨우고, 악한 계략을 깨는 물맷돌이 되기를 기도한다.

제양규 교수(한동대학교 교수)

chapter 01

서론

THE DECONSTRUCTION OF
CHURCH
AND GENDER IDEOLOGY

01 서론

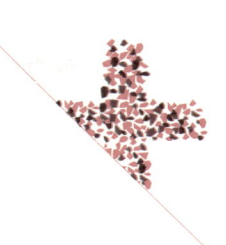

 동성애 정치 투쟁과 사회주의 혁명은 어떤 관계가 있을까? 우리는 그동안 순진하게도 동성 간의 애정 행각이나 성도덕의 측면에서만 동성애를 인식해 왔다. 유럽에서도 동성애를 정치 투쟁의 전략 전술로 활용하는 세력들은 당당히 동성애 정치 투쟁을 사회주의 혁명 그 자체라고 밝히고 있다. 2011년 이스트 런던 자긍심행진의 조직자로 활동했던 콜린 윌슨Colin Wilson과 사회주의 역사학자 노라 칼린Norah Carlin은 "동성애자 억압에 맞서는 투쟁은 자본주의 사회를 철폐하고 자본주의가 왜곡한 성과 성역할을 바로 잡는 투쟁이다. 여기서 핵심은 노동 계급이 주도하는 사회주의 혁명을 통해서만 이런 변화를 이룰 수 있다"라고 주장했다.[1] 이들은 성과 성역할 등 가정을 구성하는 인간의 성을 정치와 권력의 문제로 인식한다. 또한 기독교를 철저하게 적으로 간주한다. 자본주의를 철폐하려면 이것을 지탱하고 있는 가족 제도와 인간의 '성'을 혁명적으로 재구성해야 할 뿐만 아니라, 그 배경에 정신적 지주로서 존재하는 교회를 파괴하지 않으면 안 된다는 혁명적 사명을 갖게 된 것이다.

서유럽의 좌파들은 스탈린1879-1953 시대의 소련이 보여준 현실에 괴로워했다. 유토피아의 약속은 환상이었고 현실은 정치범수용소와 학살로 상징되는 독재자 개인숭배와 전체주의 독재 정치였다. 루이 알튀세르의 소련에 대한 비판과 마르크시즘의 위기에 대한 성찰을 재인식 할 필요가 있다. 유럽이 2차 세계 대전의 상처를 회복하고 경제적 번영을 누리던 시기에 발생한 68혁명은 볼셰비키와 소련이 추구한 형태의 혁명이 아닌 새로운 세계 변혁의 길을 예비했다. 마오쩌둥의 '문화 혁명'을 유럽의 신세대 좌파들이 자신들의 취향에 맞게 변형·수용한 인간 개조의 혁명이 전개된 것이다. 68혁명의 이념은 마오이즘과 음란한 히피 문화, 여기에 프랑크푸르트 학파의 철학과 구조주의·후기 구조주의 철학 등이 융합되어 형성되었다. 이 저항의 이데올로기는 교회와 전통을 해체하여 유럽과 세계를 변화시켰다.

한마디로 서구가 이룩한 '근대성'modernity을 해체하는 저항의 이데올로기가 탄생한 것이다. 서구의 '근대성'은 사실상 프로테스탄티즘종교개혁의 개혁주의 신학과 신앙이 기초가 되어 형성된 자본주의와 자유 민주주의 체제로 설명할 수 있다. 68혁명의 저항 이데올로기는 바로 이러한 서구 사회를 지탱해 오던 정신과 권위, 그리고 질서를 철저하게 해체하는 것을 목표로 하는 것이고, 교회가 가지고 있던 모든 지적·도덕적 영향력헤게모니을 분쇄하고 무신론과 유물론이 지배하는 사회를 지향하는 것이다. 이 과정에서 가장 기본적인 창조질서를 상징하는 '남·여'라는 주어진 성별의 해체와 '젠더' 개념을 통한 성의 재구성이 혁명의 전략 전술로 활용되었다. 이후 결과적으로

'젠더'마저도 해체해버리는 구원과 해방의 혁명 전선이 젠더 이데올로기로 구축된 것이다.

성 정치-성 혁명 이론을 본격적으로 국내에 소개하고 확산시키는 이론가가 집필한 펠릭스 가타리의 혁명사상에 관한 연구서에는 다음과 같이 그의 핵심 사상이 소개되어 있다. 성 정치-성 혁명의 동성애 정치 투쟁 진영의 사상을 압축적으로 요약할 수 있는 내용이기 때문에 그대로 인용하고자 한다.

아직도 혁명을 얘기할 수 있는가? 이념에 입각하여 대중을 지도하고 대중의 힘을 집중하여 (그 형태는 봉기이다) (국가)권력을 장악하는 것을 혁명이라고 할 때, 여전히 그러한 혁명이 필요한가? 자본주의의 폐절을 주장하는 사람들은 과연 어떤 혁명의 상을 가지고 있을까? 소련이나 동구의 붕괴를 경험하고도 여전히 그러한 혁명을 주장할 수 있을까? 지금까지는 혁명을 권력 장악이라는 관점에서 주로 파악해 왔다. (중략) 서구에서는 68혁명을 계기로 많은 사람들이 이와는 다른 다양한 실천과 사유를 수행해 왔다. 특히 '마키아벨리-스피노자-마르크스-니체-들뢰즈'라는 소수적 또는 유물론적 사유 흐름 위에서, 전위당 모델을 비판하고 분자적 운동(노동 거부에 기초한 자기 가치증식 운동, 여성 운동, 소수자 운동 등 '아우토노미아[자율] 운동')을 통해 사회를 변화시키려는 방향에 주목해 왔다. 다수적인 사유를 대표하는 주체철학데카르트에 근거한 입장에서는 이성적인 인간을, 구체적으로는 백인-남성-어른-이성애자-토박이-건강인-이라는 표상을 준거로 하여 사회를 위계화해 나갔다. 소수적이고 유물론적인 흐름에 서 있던 푸코, 들뢰즈, 가타리, 네그리 등은 근대적인 표준적 인간상을 파괴하고, 그 인간상으로부터 주변적이고 소수자적인 위치로 밀려난 개인들 및 집단들(유색인-여성-어린이-동성애자-환자-이민자-)을 복권시키려고 하였다. (중략) 자본주의는 노동자 계급의 노동력을 착취하고 생산관계를 자신에게 유리하게 조종하는 동시에 피착취자들의 욕망 경제 속으로 스며들어간다는 것이다. 여기서 가타리는 혁명 투쟁을 계급대립이라는 세력관계 수준에 한정하지 말고, 자본주의에 오염된 욕망 경제의 모든 수준(개인, 부부, 가족, 학교, 활동가 집단, 광기, 감옥, 동성애)으로 확장해야 한다고 강조한다. (중략) 욕망 분석의 방법으로서 가타리는 분열 분석을 제기한다. 분열 분석은 욕망하는 생산의 '모든 전선'에서의 정치 투쟁을 모색하는 방법이다. 단일한 영역에서 초점을 맞추지 않고, '한 전선'에서 다른 전선으로 지속적으로 움직여 가는 것(횡단성, 유목주의)을 지향한다.[2]

혁명은 유목민처럼 전선을 이동하며 이루어진다. 모든 생활 영역이 혁명 전선으로 바뀐다. 부부의 침실까지도 혁명의 전선이 된다. 동성애의 확산과 동성혼의 합법화는 해방과 혁명의 신호탄이다. 결국 이들의 지향점은 자본주의의 폐절이다. 이러한 유물론을 중심으로 한 사상사적 흐름이 자연법과 자연권이라는 신학적 근거에서 파생된 근대적 인권 패러다임을 해체시키고, 역설적으로 생명을 경시함으로써 인간의 존엄성을 위협하는 무신론적·유물론적 인권 이론으로 구성되었다. 치료를 받기 위해 음지에서 사회로 나온 LGBT들을 '젠더 이데올로기'의 증거로 포착해 이들을 정치 혁명의 수단으로 활용하면서 LGBT 문제가 의료나 복지의 차원이 아니라 인권으로 포장되는 상황으로 전개된다. 혁명 세력은 법을 통해 LGBT 등의 병리적 문제나 위험성 등을 설명하거나 연구하는 것을 원천적으로 봉쇄하고, 시민들로부터 표현의 자유를 박탈하기에 이른다. 선진적 인권 사상으로 위장한 저항과 혁명의 이데올로기가 헌법 개정 정국과 정치적 혼란을 틈타 한국 사회와 법체계에 안착하려고 투쟁을 벌이고 있다.

소련과 동구 사회주의권의 몰락, 그리고 북한 체제의 실상이 드러난 이후 방황하던 한국의 좌파 세력들은 바로 이 유럽을 휩쓸고 북미를 변화시킨 새로운 혁명 이데올로기를 수입해서 한국을 혁신적으로 변화시키려는 의욕에 사로잡혀 있다.

한국 사회의 정치·경제·사회·문화·학술 전 분야에 포진한 소위 좌파진보 성향 인사들은 기본적으로 80-90년대 대학가에서 유행하던 '사회 구성체론'과 '종속 이론'을 대학 내 지하 동아리와 운동권 조직을 통해 학습한 경력을 가지고 있다. 이 세력 중에서 주체사상으로 무장한 파벌을 NL민족 해방세력이라고 하고, 레닌주의를 내면화한 파벌을 PD계급 혁명 세력이라고 지칭한다.

NL출신들은 현재 소위 '친노 정치 파벌'의 핵심으로 정부와 여당, 그리고 해산된 통합진보당의 핵심 인사들이다. NL이 사실상 좌파의 주류 세력인데 PD와의 연합으로 노조를 중심으로 한 정치 투쟁, 교수집단인 민교협, 법률가 집단인 민변 등에서 지도부로 활동하고 있다. 한국 사회에 큰 영향력을 행사하고 있는 NL과 PD 두 좌파 세력이 민족이 우선인가 또는 계급 혁명이 우선인가 하는 노선 차이를 가지고 서로 갈등했지만, 이들이 운동권 시절 공통으로 '사회 구성체론'을 학습했기 때문에, 이 이론을 출발점으로 삼아 현재 한국 사회가 앓고 있는 병리적 현상을 분석해 나아가야 할 것이다. 이 병리적 현상 중의 하나가 바로 동성애 정치 투쟁이다.

북한의 핵개발과 외교안보 위기 속에서 도저히 합리적인 상식으로는 이해할 수 없는 사드배치 반대 투쟁, 주한미군 철수 투쟁 등의 동기와 이유를 이해하기 위해서라도 이들의 사상과 이데올로기를 이해하는 것은 매우 중요하다. 이들의 정치적 목표인 한미 동맹 해체와 주한미군 철수를 위해서는 소위 한미 동맹과 안보를 중요시하는 교회가 먼저 해체되어야만 한다. 교회는 반공과 한미 동맹을 중시하는 정치의 정신적 지주 역할을 하고 있기 때문에 교회가 정치적·사회적 영향력을 상실하고 멸절되지 않는 한 이들이 원하는 혁명과 해방은 불가능하다고 할 수 있다. 따라서 이들의 투쟁에서 한국 교회의 멸절은 주한 미군 철수와 민족 해방을 위한 전략적 선결 조건이 된다. 이슬람 세력과 동맹을 맺고 반미-반기독교 투쟁을 벌이는 동시에, 동성애를 정치 투쟁의 도구와 전략 전술로 활용하고 있는 이들의 실체를 이 책은 명확하게 드러낼 것이다.

1. 사회 구성체론과 반미·반기독교 사상

사회 구성체론이란 '사회=사회 구성체'라는 지극히 자의적이고 평면적인 도식에 기초하여, '한국 사회의 성격 논쟁'을 벌이는 것을 이론화 한 것이다. 한마디로 표현하면 '한국 사회의 성격에 대한 논쟁을 이론화'한 것을 '사회 구성체론'이라고 할 수 있다.

기본적으로 마르크스와 레닌의 이론에 대한 해석과 실천에 있어 발생한 입장 차이로 이들의 노선이 갈리게 된다. 우선 주류(다수파)에 해당하는 NL계열은 민족주의를 배경으로 관료독점자본과 이에 따른 해외자본에 의한 한국 사회의 종속을 강조한다. 한국 사회의 성격을 제국주의 지배하의 식민지 또는 (신)식민지로 규정한다. 따라서 이들은 식민지 해방 (종속으로부터 주체성을 회복)을 위해 '김일성 주체사상'을 이념적 대안으로 설정하고 반제국주의 민족자주 투쟁에 참여하게 되는 것이다.

해외에서 들어온 '원조'나 '차관'이 산업 구조의 파행성을 심화시키고, 이것이 '한국 관료독점자본'의 물적 기반이 되는 동시에 대외종속성의 강화로 귀결된다고 주장한다. 군부독재 세력은 미제국주의(미-일 동맹으로 일본이 포함된 제국주의 세력) 통치자들의 대리 통치 세력이 된다. 여기서 미국의 원조는 특히 중요한 위치를 차지하는데 이를 분배하는 과정에서 분단 전 형성된 서북 지역의 기독교 세력이 미국을 등에 없고 남한의 강력한 정치 세력이 되었다고 본다.

남한의 기독교 세력은 '서북청년단'으로 대표되는 극우반공집단인 동시에 기독교를 통해 제국주의 압제자인 미국과 연결되어 '미국 원조'의 분배에 참여하게 됨으로써 한국 사회에서 강력한 세력으로 성장할 수 있었다. 결국 기독교와 미제국주의를 타도하여 주체적인 국가를 건설하는 혁명이 이들의 지상 과제가 된다. 민족주의 좌파 기독교 세력이 발행하는 '한신학보'라는 학술지가 중심이 되어 '사회구성체론'을 둘러싼 이론 논쟁을 이끌어 가게 되었다. 주로 주사파 활동가들이 한신대 출신인 것은 우연이 아니다. 이들은 목사로 활동하며 동성애를 정치 전략으로 활용하는 동시에 주한미군 철수 운동

등 반미 투쟁을 전개해 나간다.

이러한 좌파 내부 논쟁 과정에서 이론에 치중한 '아카데미즘'을 비판하고 실천위주의 투쟁을 강조하는 세력이 등장하여 기존의 NL세력을 강화시켰다. 사회 구성체론에서 제국주의와 반제국주의 투쟁보다 국제적 관점에서 '계급성'과 '계급 투쟁'의 중요성을 강조하는 세력이 나타나게 되는데 이들이 PD계열을 형성하게 된다.

계급 투쟁을 강조하는 세력의 이론적 근거는 바로 마르크스와 레닌의 '계급 의식론'이다. 체계화 된 철학이란 특정 계급의 세계관을 의미한다. 이들은 사상이나 이론은 그 자체가 계급적 존재의 반영이라는 마르크스의 입장을 따른다. 이러한 사상은 '계급성 klassengeist'이란 범주가 곧 사유의 기본적인 범주로서 정립됨을 의미한다. 이 문제는 루카치가 '계급 의식'이라는 논문을 통해 상세히 설명하고 있다. 이들은 마르크스와 레닌, 그리고 루카치 등의 이론을 깊이 있게 학습하면서 투쟁 노선을 강화시켰다.

2. 루이 알튀세르의 영향

뒤에 자세하게 설명할 68혁명의 정신적 거두 중의 한 명인 루이 알튀세르는 동성애 정치 투쟁 세력에게는 매우 중요한 철학자이다. '사회=사회 구성체'라는 도식의 또 다른 이론적 배경은 사실 '루이 알튀세르'이다. 마르크스의 이론을 프랑스 구조주의와 유사한 관점에서 재해석하면서 알튀세르의 이론이 등장하게 된다. 알튀세르의 추종자인 발리바르가 '역사 과학의 기초범주'라는 연구서를 통해 구조주의 관점을 강화시키고, 글룩스만이 '구조주의와 현대 마르크시즘'이라는 저서를 통해 좌파 세력에 상당한 영향을 끼치게 된다.

한국의 좌파적 사고가 구조주의와 후기 구조주의에 익숙하게 된 배경에는 사상의 기초에 알튀세르의 영향이 크기 때문이다. 물론 알튀세르는 자신을 구조주의자로 부르는 것을 싫어했다. 알튀세르가 이데올로기론을 형성시키는 과정에서 등장시킨 철학이 '사회 구성체' 이론으로 형성되었다.

실천이 먼저냐 아니면 이론적 정합성이 우선이냐 또는 반제국주의 투쟁을 통한 민족 해방이 먼저냐 아니면 계급 투쟁과 계급 혁명이 우선이냐 등의 좌파 진영 내부 논쟁과 노선 차이를 고려하더라도 이들의 이념과 사상의 배경에는 구조주의적 관점에서 마르크스와 레닌을 해석한 '사회 구성체론'이 공통적으로 존재한다.

이러한 공통의 인식을 바탕으로 좌파 진영은 (미-일 동맹을 기초로 한) 미제국주의와 제국주의의 첨병이자 반공의 상징과도 같은 남한의 기독교를 투쟁과 극복의 대상으로 삼고 있다. 또한 '사회 구성체' 이론과 종속 이론을 20대에 체계적으로 학습한 한국 좌파의 핵심 세력이 구조주의와 후기 구조주의 철학을 통해 성장한 유럽과 북미의 새로운 좌파 이론을 내면화 하는 것은 어려운 일이 아니었다.

교계의 인사들이 프랑크푸르트 학파를 네오 마르크시즘이라는 이름으로 동성애 정치 투쟁의 주요 사상으로 언급하는 것은 오류라고 할 수는 없지만 조금 주의를 필요로 한다고 할 수 있다. 필자가 동성애 정치 투쟁에서 이데올로기의 중요성을 지적한 이래 유행처럼 네오 마르크시즘이라는 것이 교계에서 회자 되고 있으나 이러한 설명은 약간의 주의를 필요로 한다. 허버트 마르쿠제가 프로이트 이론의 문제를 지적하며 성적 금기와 금욕적 기독교 문화를 공격하고 이러한 사상 조류가 동성애 투쟁에 영향을 준 것은 사실이다. 또한 마르쿠제 외에도 아도르노와 호르크하이머 등의 프랑크푸르트 학파가 68의 사상계에 영향을 준 것도 맞다. 그러나 프랑크푸르트 학파의 이론을 마르크스를 계승한 철학으로 설명하는 것은 오해의 여지가 있다. 오히려 프랑크푸르트 학파의 이론은 정통 마르크시즘을 교조적으로 해석해 온 입장들을 정면으로 비판했다. 계몽의 변증법이나 부정 변증법은 기존의 교조화 된 마르크시즘을 철저하게 분쇄하는 작업이었다. 마르크스 이후 등장한 철학자들을 '네오 마르크시즘'이라는 이름으로 나열하는 것은 의미가 없다. 이들의 철학이 어떤 형태로 해석되어 이데올로기를 구성하고 좌파 정치 투쟁에 어떤 영향을 주고 있느냐는 그 사상사의 흐름을 읽어내는 것이 매우 중요하다.

'계몽의 변증법'으로 상징되는 아도르노와 호르크하이머의 프랑크푸르트 학파는 서구가 자랑으로 삼고 서구의 승리라고 찬탄해 오던 '근대성'modernity이라는 것이 사실상 허구라는 것을 밝힌 것이다. 막스 베버가 설명한 것처럼 '프로테스탄티즘과 자본주의'로 상징되는 서구의 근대성이라는 것은 한마디로 '픽션'이라는 것이다. 2차 세계대전에서 인간이 보여준 대량살상 무기를 통한 학살과 인종청소 등의 전쟁 범죄는 잘못된 근대의 부작용이 아니라 인권과 입헌주의로 표현되는 승리한 서구의 근대성이 허구(사실상 인간은 더 야만적 존재가 됨)였다는 분석이다. 마르크스가 제시한 과학적 사회주의의 진보하는 인류의 유물론적 변증법에서 벗어난 것이다. 마르크스 이론이 비판적 사회 이론에 끼친 영향은 크지만, '진보'라고 생각했던 서구의 근대가 '진보'가 아니라는 설명이다. 마르크시즘이든 구조주의든 이러한 철학들이 68이후 어떤 이데올로기를 형성하고, 세계 질서에 어떻게 영향력을 행사하고 있는가를 명확하게 인식하는 것이 필요하다.

푸코, 데리다, 들뢰즈, 라캉 등으로 상징되는 프랑스의 좌파 철학들이 쏟아져 나오면서 본격적으로 21세기는 '해체'의 시대로 접어든다. 이들의 철학적 목표는 '해체'이다. 이들의 이론적·실천적 목표는 바로 종교개혁으로 구성된 서구의 근대성을 해체하는 것이다. 성적 금기의 출발인 기독교 문명의 해체를 위해 창조질서를 파괴하는 정치적 선명성 등의 이유로 동성애가 정치 투쟁과 혁명의 전략 전술로써 중요해 지는 것이고, 투쟁의 본질은 종교개혁으로 형성된 서구의 근대성과 이로 인해 형성된 자본주의를 해체하는 혁명과 해방에 있다. 한국 교회가 바로 이 거대한 이데올로기의 구조를 인식해야만 이들의 공격으로부터 교회와 자본주의·자유 민주주의 체제를 지킬 수 있다. 동성애는 이러한 혁명과 투쟁의 전략 전술일 뿐이다.

구소련의 붕괴와 동구권의 몰락, 그리고 민족 자주의 상징이었던 '주체사상'의 추락 이후 한국의 좌파들은 자연스럽게 동성애를 인권 프레임으로 전환해 정치 투쟁에서 성공한 포스트모던 서구 좌파를 대안으로 삼고 추종하게 되었다. 이러한 사상과 활동은 이론적·경험적 차원에서 전파·수용됨으로써 다양한 모방과 추종이 이루지게 된다. 동성애 정치 투쟁에서 승리한 유럽에서 교회가 멸절되는 것을 경험적으로 인식하고 승리를 확신하게 된 한국의 좌파들에게 '동성애=인권'이라는 전략 전술은 거부할 수 없는 지상 과제가 된 것이다.

차별 금지법 등으로 교회가 올바른 결혼, 가정, 국가에 대한 발언을 할 수 없게 되고, 창조질서에 정면으로 도전하는 동성애를 앞세운 젠더 이데올로기가 지배적 이데올로기가 되는 순간 교회가 멸절 되는 것을 목도한 이상 이들의 투쟁은 더 강화될 것임이 분명하다. 이러한 젠더 이데올로기가 헌법 개정의 틈을 치고 들어와 헌법에 자리 잡고자 투쟁하고 있는 것을 보면 상황의 심각성을 절감하지 않을 수 없다.

이들은 소위 프로테스탄티즘의 해체와 자신들의 정치 혁명을 위해 교회에 선전 포고를 한 셈이다. 이 때 교회는 일치단결하여 저들의 의도를 명확히 파악하고 개혁주의 신앙을 강화해 하나님의 주권을 이 땅에 선포하는 길밖에 다른 길이 없음을 인식하고 실천으로 나아가야 한다. 구속사의 과정에서 우리는 우리에게 주어진 사명을 선명하게 보아야만 한다. 종교개혁의 현장에서 쓰러진 교회들을 다시 회복시키고 우리에게 선교사를 파송해 주었던 나라들의 교회를 우리가 역으로 살려야 하는 사명이 우리 앞에 놓여 있다. 순교의 피로 세운 우리의 자유 민주주의 체제를 수호하고 종교개혁의 불길을 다시 일으켜 한국 교회를 부흥시키고 나아가 세계복음화의 길에 더욱 매진해야 할 것이다.

이 책은 구속사의 차원에서 종교개혁의 중요성과 그 정치적·사회적 의의를 설파한다. 이슬람 옹호 활동과 동성애 정치 투쟁이 동맹을 맺고 주한미군 철수와 이에 따른 체제 붕괴를 노리는 혁명을 획책할 때 우리는 깨어나 이것을 제2의 종교개혁으로 맞서야만 한다. 이제 구체적으로 이들의 사상과 이데올로기를 분석해 보도록 하겠다.

chapter
02

패륜의
사상사

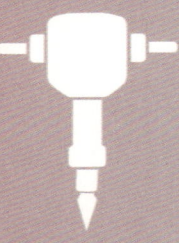

THE DECONSTRUCTION OF
CHURCH
AND GENDER IDEOLOGY

02
패륜의 사상사

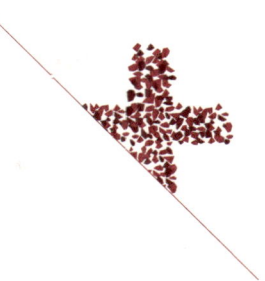

I. 구조주의, 후기 구조주의, 포스트모더니즘

인간의 객관적인 사유에 대한 고민은 철학사의 중요한 주제였다. 너와 내가 동일하게 분명하다고 인식하는 것이 가능한가라는 회의는 철학의 출발점이다. 플라톤, 데카르트, 칸트 등 유명한 철학자들은 이러한 질문에서 자신의 철학을 시작했다.

이러한 사변적 철학에만 머물러 있지 않고 인간의 사고와 인식을 지배하는 특수한 조건에 천착한 사상가가 있었다. 이 사람이 바로 마르크스이다. 마르크스는 어떤 조건에서 인간은 사유하고 세계를 인식 하는가라는 의문을 깊이 파고들었다. 그는 이러한 과정에서 형성된 이론을 탁월하게 일상생활과 연결하여 일반 이론을 구축했다. 어떻게 보면 구조주의의 원류 중의 하나가 마르크스라고 할 수 있다.

마르크스는 사회 집단이 역사적으로 변화할 때 중요한 역할을 하는 요인으로서 '계급'을 강조했다. 자신이 속한 계급에 따라 사고방식이 달라지는데 이것이 '계급 의식'이다. 근대 철학에서 강조한 인간에게 내재하는 '보편적 인간성'과 같은 것은 환상에 불과하다는 분석을 내놓는다. 인간은 자기가 누구인가에 대해 자기가 만들어낸 것을 보고 영향을 받아 자신과 세계를 인식한다. '나는 누구인가?'라는 의문은 '생산=노동'의 관계망 속에서 내가 어느 지점에 있고 무엇을 만들어 내며 어떤 능력을 발휘하고 어떤 자원을 사용하고 있는지에 따라 결정된다.

타인과 구별되는 개인으로서 존재하는 현재의 내가 과거의 나와 같고, 미래의 나와 연결된다는 차원에서 자기동일성을 확보한 '주체'가 선재하고, 이러한 자기동일성을 확보한 주체가 다른 사람들과 관계를 맺으면서 자신을 실현한다는 기존의 서양 근대 철학의 기조를 혁명적으로 전복시킨다.

사실, 관계망 속에 던져진 인간은 거기에서 만들어진 의미나 가치에 따라 자신이 누구인가를 회고적인 형태로 알게 된다. 주체성의 기원은 주체의 '존재'에 있는 것이 아니라 주체의 '행동'에 있다. 이것이 바로 구조주의의 가장 근본이 되는 개념이며 모든 구조주의자들이 공유하고 있는 생각이라고 할 수 있다. 이러한 사고는 거장 '헤겔'에서 시작해 마르크스를 통해 20세기로 계승되었다.

구조주의의 철학적 흐름 속에서 마르크스와 거의 대등한 지위를 부여해도 좋은 유대인이 있다. 그가 바로 '프로이트'이다. 마르크스와 비교할 때 프로이트의 철학적 업적은 바로 우리의 상식과 다르게 '인간은 우리의 정신생활의 주인공이 아니다'라는 것을 명확하게 설명한 것이다. 프로이트 심리학의 목적은 '자아는 자기 집의 주인이 아니라, 마음속에 품고 있는 생각이나 감정 가운데 무의식에서 일어나는 일들을 아주 드물게 보고 받고 있을 뿐'인 '허깨비'임을 증명하는데 있다.

마르크스는 인간이 자유롭게 생각하고 있는 것처럼 보이지만 실제로는 계급적으로 생각한다는 것을 밝혀냈다. 프로이트는 인간이 자유롭게 생각하고 있는 것처럼 보이지만 실제로는 자기가 어떤 과정을 거쳐 생각하고 있는지 제대로 모르는 채로 살고 있다는 것을 간파한 것이다. 즉 그의 연구를 한마디로 "나는 나를 모른다"라고 요약할 수 있다. 프로이트는 바로 '억압'의 매커니즘을 통해 인간이 어떤 과정을 통해 사고하고 있는지, 그 주체에 대해 모르고 있다는 사실을 폭로해 준 것이다.

자유롭지 못한 인간의 실체를 밝힌 그의 이론은 철학사에 큰 영향을 주었다. 주체로서의 인간이라는 믿음은 허구라는 사실을 명확하게 밝힌 또 한 명의 철학자가 있다. 바로 프리드리히 니체이다. 니체는 인간이 주어진 규범의 노예에 불과하다고 주장했다. 역사적으로 정당화되어 온 문명과 이 문명에 의해 당연한 것으로 여겨지는 규범들은 어떤 시대나 지역의 고유한 편견에 불과하고 이러한 외적 규범에 종속된 것이 대중이라는 설명이다. 다시 말해, 기독교가 가르치는 성적 금기(성윤리)나 반드시 지켜야 하는 하나님이 주신 규범들은 유대-기독교 문명권에서 만들어낸 편견에 불과한 것이 된다. 니체는 여기서 더 나아가 헤겔 철학의 주요 개념인 '자기의식'도 허구라고 주장한다. 결국 독일의 부르주아 기독교인들은 자신이 누구인지도 모르는 동물과 같은 수준의 저급한 존재라고 비난한다.

19세기 독일 사회에서 중요한 역할을 했던 부르주아들은 기독교인으로서 기독교 내부에서 전승되는 규범이나 가치들이 기독교 문화에서 파생된 '편견'과 '협잡'에 불과한 것이라는 것을 모르고 인류 공동의 '보편성'을 갖는 규범 체계인양 바보짓을 벌이고 있으며 이를 이교도들에게 강요하는 한심한 존재라고 설명한다.

니체는 이러한 바보들이 가진 기독교의 '선악' 개념이 그 자체로 하나의 역사를 가진 계보를 통해 존재한다는 것을 밝혔다. 니체의 생각에 따르면 현대의 대중 사회는 구성원들이 무리를 이루어 '다른 대중들과 동일하게 행동하는' 것을 중요시하는 바보들의 사회인 것이다. 비판이나 회의 없이 한 방향으로 달려가는 군중이 대중 사회의 특징이다. 니체는 이러한 비주체적 군중을 '짐승의 무리'라고 이름 붙였다. 기독교 사회는 바로 짐승의 사회인 것이다.

짐승과도 같은 획일화 된 무리를 위한 도착적인 '도덕'이 존재하게 된다. 짐승의 무리는 어떤 행위가 도덕적인지 아닌지에 대한 판단을 그 행위에 내재하는 가치나 그 행위가 행위자 자신에게 가져다 줄 이익이 아니라 단순히 '다른 사람과 동일한지 아닌지'를 기준으로 결정하기 때문에 '도착적'이다. 옆 사람을 모방하고 모두가 동일하게 획일화 되어 가는 것을 좋아하면서 인간은 점점 '노예'가 된다고 설명한다. 여기서 교회는 노예를 찍어 내는 공장과 같은 역할을 하게 된다. 반기독교적 철학의 완성이다. 니체 계열의 철학자가 바로 동성애 정치 투쟁에 있어 사상적으로 중요한 역할을 했고, 주디스 버틀러의 '퀴어 이론'에도 영향을 준 미셸 푸코이다. 한국 기독계 내부에서 동성애를 옹호하는 자칭 신학자들은 푸코의 관점에서 성경을 재해석한다. 반기독교 철학의 계보를 완성한 이론을 통해 성경을 해석하자고 제안하는 이들이 스스로를 신학자 또는 기독교 윤리학자라고 칭하는 현실이 정말 신기하기만 하다.

니체에 따르면 노예와 다른 존재가 바로 '귀족'이다. '귀족'은 서로 모방해서 동일해지는 노예와 다르다. 자기의 외부에서 참조할 항목이 없는 자립자이다. '귀족'의 개념을 철학적으로 극한까지 끌어올린 것이 '초인'이다. 초인은 인간을 초월한 존재인데 구체적인 존재자라기보다는 '인간의 초극'이라는 운동성 그 자체를 의미한다. 초인은 기독교인과 같은 짐승의 무리와 다른 존재이다. 노예라는 것에 고통을 느끼고 부끄러워하는 감수성을 가지고, 그 상태에서 벗어나려고 하는 의지가 바로 '초인'이다. 니체의 초인 사상은 반유대주의의 이데올로기로 변질되기도 했다. 니체의 철학은 본질적으로 민주주의와 양립할 수 없다. 히틀러와 같은 전체주의 체제에서 인간을 학살하는 배경 사상으로 기능하기도 한 철학이다.

필자는 니체의 초인이 되고 싶은 생각도 의지도 없으며 오직 사랑하는 나의 주 나의 하나님의 충성스런 종이기를 갈망한다. 니체가 보기에 필자는 짐승이자 노예인데 바로 이 정체성이 행복의 원천이 되고 있다.

마르크스, 프로이트, 니체의 기초에서 구조주의가 출현하게 되는데 구조주의적으로 사고하는 것이 상식이 되는 것이 후기 구조주의의 특징이라고 할 수 있다. 구조주의뿐만 아니라 20세기에 마르크스, 프로이트, 니체의 영향을 받지 않은 철학은 없다고 해도 과언이 아니다. 세 명의 걸출한 철학자들의 영향은 21세기 우리가 직면한 '젠더 이데올로기'를 형성하고 강화하는데 중요한 토대가 된다.

1. 구조주의(structuralism)

구조주의는 소쉬르와 레비스트로스에 의해 시작된 현대 유럽 철학의 이론이다. 문화적 구조를 통해 사물의 의미가 정의 된다는 논의에서 출발한다. 특히 기존의 서양 철학에서 개념 규정의 틀이 된 이항대립의 정의를 문화적 구조를 통해 설명한다. 예를 들어, 선과 악, 빛과 어둠과 같이 대립적 개념을 통해 사물을 정의하는 것이다. 인도의 카스트를 보면, 역사-문화적 배경과 함께 순결성과 불결성의 대조에 의해 계급적 내용과 차별의 구조가 정의된다.

다시 말해 카스트라는 계급 체계는 '대립적인 항'을 통해 반영되는 개념의 일관된 구조를 갖는다. '카스트'라는 단어로 의사소통을 할 때 우리는 이 단어가 단지 계급 체계라는 단일한 의미를 갖는 것이 아니라 언어의 배후에 존재하는 문화적 구조차별적 구조를 통해 이 단어를 사용하여 소통하게 된다.

가령, "여자가 왜 그래?"라고 말할 때 '여자'라는 단어는 단지 생물학적 성별을 구분하는 '여자'의 의미가 아니라, 유교적 전통 사회가 갖고 있는 성차별적 문화와 사회적 구조를 통해 그 의미가 정의된다고 할 수 있다.

소쉬르는 언어학자로서 언어는 사회적 관습이며 이에 따라 한 언어의 모든 부분들은 커다란 사회 구조의 체계로부터 의미를 획득한다는 것을 밝혀내었다. 또한 이러한 이론을 언어가 아닌 다른 사회 관습 체계에도 적용이 가능하다는 것을 파악했다. 이러한 이론을 인류학, 심리학, 정치학에 적용하기 시작하면서 구조주의라고 불리는 철학 사조가 출발하게 된다.[3]

2. 후기 구조주의(post-structuralism)

　철학에서 후기 구조주의는 프랑스 철학자 자크 데리다, 라캉 등으로 대표된다. 후기 구조주의는 세계 질서를 바꾸는데 엄청난 영향력을 행사하게 된다. 정치·경제·사회·문화 전 영역에서 '근대성현대성'을 해체하고 포스트모던한 세계를 열었다고 평가할 수 있다. 이러한 포스트모던한 사조는 동성애 정치 투쟁을 가속화 하고 신학에도 침투하여 종교개혁의 성과로서의 '근대성'을 해체하고자 질주하고 있다. 기독교인들조차도 이러한 철학 사조의 영향을 받는 것을 지식인의 특권인양 여겨서 해체의 철학자들을 '예수 그리스도'보다 우월한 위치에 두고 활동하고 있다. 언제나 우상 숭배는 다양한 형태로 자행되는데 복음을 부끄러워하면서 포스트모던한 시류에 편승하는 것을 자랑하는 부류들은 포스트모던 신학이라는 이름이나 여성주의 신학이라는 이름으로 대중을 선동하고 좌파 혁명의 일꾼으로 등장한다.

　서양의 철학사에서 주요 논제가 된 개념들은 이미 설명한 것처럼 주로 '대립의 항'으로 표현할 수 있다. 기존의 철학적 전통은 현상과 실재, 편견과 지식, 정신과 물질, 참과 거짓과 같은 주요한 대립 개념들을 통해 인간이 사유할 때, 체계의 정합성을 확보하고 이 체계를 통해 객관적으로 사유할 수 있다고 본다.

　가령 데카르트가 "나는 생각한다. 고로 나는 존재 한다"라고 말했을 때 생각하고 있는 이 주체는 이미 존재하는 대립항의 개념들이 가지고 있는 구조에서 자유로울 수 없다. 이미 생각을 지배하는 구조 속에서 생각하고 있음을 발견하면 구조주의가 "맞구나" 하고 동의할 수 있는 여지가 생긴다. 그러나 데리다는 "해체"라고 명명한 방법을 통해 이 '대립항'들이 사실은 자기모순적임을 증명하고자 했다.

가령 현상과 실재의 대립 개념을 기초로 신에 관한 것을 말하고자 한다고 가정해 보자. 어떤 유대인이 출애굽을 통해 유일신의 실재를 설명한다. 홍해가 갈라지는 현상과 노예 해방의 결과로 새롭게 형성된 유대 국가 등을 거론할 것이다. 현상에 의지해 실재를 설명할 수밖에 없다. 사도행전의 사도들도 부활하신 예수님을 만나고 나서 모두 순교자로서 다시 서게 된다. 부활하신 후 나타나신 현상이 기초가 되어 예수가 하나님의 유일하신 아들이자 그리스도라는 것을 강력하게 전인격적으로 받아들이고 거듭나게 된 것이다. 도마가 '나의 주 나의 하나님'을 고백하게 되는 것도 부활하신 주님을 만나는 사실을 통해서이다. 존재론적 실재에 대한 설명은 그리스도께서 직접 보여주신 현상을 통해 이루어진다.

이러한 차원에서 존재론의 전복이 시도된다. 존재론적 형이상학에 의존해 개념의 대립항을 만들어 정합적 구조를 갖게 된 철학 체계를 해체해야 한다는 논리로 진행한다. 존재론을 구성하고 있는 신과 인간, 창조주와 피조물 등의 '대립항'으로 만들어진 체계는 결국 현상에 의존해서 설명할 수밖에 없다. 후기 구조주의는 정합적이라고 파악한 대립항의 배후에 존재하는 구조를 파악하는 것에 그치지 않고 이 구조가 허위이며 모순적이기 때문에 해체해야 한다는 주장으로 나아간다. 그러나 사도들이 경험한 현상으로써의 부활하신 예수님은 역사적 사실이 된다.

경험을 통한 인식의 객관성을 확보하는 다수의 증언자 등의 존재는 존재론적 실재로서의 그리스도를 부인하는 근거를 용인할 수 없게 한다. 현상을 인식하는 구조의 존재와 이 구조에 의한 인식이라는 허위의식을 아무리 강조해도 경험적 사실로서의 존재 즉 역사적 사실로서 인식한 부활하신 주님의 실재는 부정될 수 없다. 오히려 유대인들이 가지고 있는 하나님에 대한 인식구조가 부활을 부정하게 하는 허위의식을 작동시킬 수 있었다. 그러나 사도들에게는 경험적 사실로서의 부활의 주님이 존재하기 때문에 이러한 구조는 아무런 영향을 끼칠 수가 없었다. 부활을 부정하는 유대인들과 예수님을 부정하는 무슬림들의 인식구조를 설명하는데 역설적으로 구조주의가 요긴하다.

구조주의 철학적 전통은 특히 인류의 전형적인 대립항인 '성별'과 '성애'에 특별한 관심을 갖게 만든다. 남/녀성별, 동성애/이성애성애의 대립항에 기초한 관습과 문화적 구조들을 "해체"하는 것을 통해 모순과 허위를 드러냄으로써 현실에서 이론을 증명하고자 하는 방향으로 나가게 된다. 기존의 가치들, 그리고 이 가치들을 유지시켜 주던 신념들을 해체하는 것이 인간 해방의 중요한 과제가 되는 시점이 도래한 것이다. 서양에서 성윤리와 성적 금기의 핵심은 주로 기독교에서 파생되었기 때문에 기독교는 반드시 해체해야 할 대상이 된다.

3. 포스트모더니즘

후기 구조주의와 해체의 특수한 방법은 서양 근대 철학 자체에 대해 회의적인 견해를 표명하는 것이다. 르네상스와 계몽주의 시대를 거치면서 수많은 과학자들과 철학자들이 구성해 낸 체계를 떠올려 보자. 세계를 지배하는 통합적이고 물리적인 법칙의 체계와 인간 사회에 대한 체계적 설명은 근대적인 것이다. 합리론, 경험론, 관념론 등의 철학 이론들은 통합적 세계를 전제로 하고, 인간이 형성하는 모든 신념과 가치들은 이러한 통합적인 체계에 기인한다.

이제 이러한 통합적 세계라는 근대적 관념은 아주 근사한 거짓말에 불과하다고 주장하는 흐름이 세계를 덮게 된다. 루이 알튀세르식으로 표현하면 이데올로기가 너를 불러주었을 때 네가 완성된 것처럼, 계급 의식을 강조해서 근대의 허위를 드러내는 동시에, 이데올로기로 만들어진 자신을 발견하고 자신을 구성한 이 이데올로기를 해체하는 시대로 나아가는 것이다. 순진하게 부르주아들의 지배 체계를 공고히 하는 법질서와 정치 체제에 복종하고 기업에 의해 착취당하던 내가 아니고, 산업자본주의를 유지하기 위한 가정에서 성적으로 착취당하는 내가 아니라 해방을 갈구하는 나로 변신하는 것이다. 가정을 지키라고 말하는 교회도 이러한 부르주아 지배 이데올로기의 협잡에 불과하기 때문에 과감하게 역으로 교회를 해체해 버려야 하는 사명에 직면하게 되는 것이다.

포스트모더니즘은 하나의 철학 이론이 아니다. 근대적인 것, 즉 근대성에 대한 다양한 비판들을 망라하는 우산과 같다. 그래서 '우산 운동'umbrella movement이라고 부르기도 한다. 철학적 차원에서 좁은 의미로 포스트모더니즘은 후기 구조주의와 동의어처럼 쓰이기도 한다. 포스트모던은 철학에 국한되는 것이 아니라 문학, 예술, 연극, 영화, 건축 등의 정치·사회·문화 전 분야를 포함한다. 포스트모더니즘의 본질은 막스 베버가 설명한 프로테스탄티즘으로 형성된 '근대성'을 해체하는 것이다.

포스트모더니즘이 근대 문화에 대한 반발로 부각되는 직접적인 계기는 프랑스에서 있었던 1968년 문화 혁명이다. 근대의 정신이 계몽주의 혁명으로 구현되었다면, 근대 이후의 사조, 탈근대의 사유체계가 드러난 상징적 사건이 68혁명인 것이다. 68혁명은 프랑스뿐만 아니라 이탈리아, 독일, 미국과 일본 등 전 세계적인 혁명 운동으로 전개되었다. 정치 투쟁을 포함하여 근대적 문화 전체를 반성하고 해체하려는 문화 혁명이다. 68혁명 이후 형성된 유럽의 인권·법체제와 좌파 사상은 구소련의 해체와 동구권의 몰락 이후 길을 잃은 한국 좌파들에게 새로운 이념과 모델이 되었다.

68은 짧은 기간에 진압되었기 때문에 그 영향을 과소평가하려는 사람들이 있다. 그러나 이는 68을 평가하는 좌파 세력의 입장을 보더라도 사실이 아니다. 68은 유럽에 살았던 한 세대의 사유 전체를 혁명적으로 변화시켰기 때문에 이들이 정치·경제·사회·문화 전반에 영향력을 행사하게 된 시기에 유럽을 완전히 변화시킬 수 있었다. 세계를 이끄는 리더십이 유럽과 북미에 있었기 때문에 이들은 세계를 변화시킬 수 있었던 것이다.

기독교는 전통적 유럽서방 세계을 상징하는 가장 전형적인 가치였기 때문에 포스트모던 투쟁의 대표적인 목표물이 된다. 청교도가 세운 나라인 미국과 미국의 시민 종교였던 기독교는 미국이 주도하는 자본주의 세계의 종말을 위해 반드시 해체시켜야 하는 대상이 된다. 동성애와 성 정치 문제는 이러한 사상사적 이해를 기초로 하지 않고서는 이해하기 어렵다고 할 수 있다. 이제 사상사에서 처음으로 '성 정치'라는 개념을 등장시킨 빌헬름 라이히부터 공부해 보기로 하자.

이 책은 이제 라이히를 시작으로 미셸 푸코, 루이 알튀세르, 주디스 버틀러, 슬라보예 지젝을 다루고, 이러한 좌파 사상가들과 마오이즘의 영향을 받은 68혁명의 관계를 설명할 것이다. 한국 지식계의 습성은 사실상 종속적이라고 할 수 있다. 특히 386운동권 세대가 학계를 장악한 이후 완전하게 좌경화 되었다. 소련의 붕괴와 북한 체제의 실상이 드러난 이후 방황하던 한국의 좌파들은 서구 추종 일변도의 학계의 분위기에 편승해 이러한 철학과 사상들을 수입하는데 열을 올렸다. 비판적 수용이 아닌 일방적인 수입이라고 할 수 있다. 외교안보 분야에서는 북한을 의식해서 편협하고 극단적인 민족주의를 내세우면서도 철학과 사상 분야에서는 무비판적으로 68이후 형성된 서구의 좌파 사상을 추종하는 한국의 좌파 세력은 진정 국가와 교회를 위협하는 위험분자들이라고 규정하지 않을 수 없다.

4. 포스트모더니즘 시대의 좌파 사상

이 책에서 사용하는 좌파라는 표현은 유럽의 좌파를 기준으로 사용한 것이다. 유럽의 좌파는 전통적 마르크스주의자, 사회민주주의(사민주의)자, 공산주의자로 분류할 수 있다. 전통적 마르크스주의자들은 인문학과 사회과학을 마르크스의 이론을 기초로 수행하고 정치와 사법에 마르크스의 이론과 이념을 반영하고자 노력하는 자들이다. 사민주의는 자본주의의 문제점과 모순을 비판하고 이를 극복하고자 하는 정치 사조로 자유 민주주의 체제의 전복을 기도하기보다는 기존 자유 민주주의 체제 내에서 대안적 차원에서 그 실현 방안을 찾고자 한다.

공산주의자들은 레닌의 혁명론을 포기하지 않는 자들로 최근 한국 좌파들의 교주로 추앙받고 있는 슬라보예 지젝이 여기에 속한다. 한국의 좌파들은 방송이나 강연에서 지젝이 비판적 자유주의자인 것처럼 거짓말을 늘어놓는데 원래 공산주의자들의 정치 투쟁 방식은 철저하게 거짓으로 대중을 선동하는 것을 기본으로 하기 때문에 속지 않도록 조심하는 것이 중요하다. 이들은 자유주의 세계의 전복을 주장하지 않고 비판과 타협을 시도하는 사민주의자나 온건한 마르크스주의자들을 가짜 좌파라고 비난하고 있다. 실제로 좌파라는 표현을 사용하는 것을 금기시 하는 분위가 조성되고 '종북 인사'를 '종북'이라고 표현하는 것을 문제시 하는 분위기를 만들어 낸 것도 좌파 선동 정치의 효과가 발휘되고 있는 증거라고 할 수 있다. 이에 대응하기 위해서 우리는 '좌파'를 좌파로 사회주의자들과 '종북 세력'을 명확하게 '종북'이라고 지적해야 할 사회적 의무가 있다고 하겠다.

정치적으로 사민주의를 표방하든 마르크스주의자의 면모를 보이든 관계없이 좌파들은 모두 위에서 설명한 포스트모더니즘 철학의 가장 강력한 지지자들이며 자신의 정치적 입장에서 재해석을 시도한다. 좌파 사상은 서로 영향을 주고받으며 진화하고 있다.

1) 빌헬름 라이히의 "마르크스주의와 프로이트주의의 결합"[4]

① 라이히가 지적한 마르크스와 프로이트의 문제점

마르크스는 생산관계와 사용 가치·교환 가치의 개념을 통해 노동의 억압과 착취를 설명했다. 이러한 마르크스의 비판적 분석은 자본주의와 세계를 보는 관점을 변화시켰다. 사실상 세계관의 대전환을 이루어 내었다. 그러나 마르크스주의는 한계를 드러낸다. 바로 프로이트가 탁월하게 성취한 인간에 대한 분석을 빠뜨린 것이었다.

마르크스-엥겔스가 분석한 노동을 통한 착취 구조를 이해하고 각성한 인간은 혁명으로 나아간다. 이성적이고 합리적인 인간은 반드시 해방의 길로 나아가, 프롤레타리아 독재의 정치 과정을 과도기 이행기로 거치게 된다. 이 과정을 통해 국가와 법이 사멸된 (법고사론) 이상적 공산사회로 나아가게 된다.

하지만 프로이트가 보기에는 인간은 각종 열등감이나 왜곡된 감정에 의해 상황을 판단하고 감추어진 억압으로 얼룩진 무의식이 지배하는 비합리적 존재이다. 엥겔스는 '가족'을 단지 출산을 통한 사회성원의 생산 단위로만 인식했다. 가족 제도의 이면에는 성에 대한 억압과 통제의 매커니즘이 존재한다. 바로 이 점을 간과한 마르크스와 엥겔스는 한계에 직면할 수밖에 없다.

프로이트는 신경증노이로제과 그 치료법을 연구하는 과정에서 인간의 '성억압'을 포착했다. 사실 마르쿠제가 이 문제를 지적하면서 프로이트를 강하게 비판했다. 기독교를 중심으로 한 서구 문명의 성적 금기와 성윤리의 규범들의 해악을 알면서도 프로이트는 치료를 위해 성충동을 진술할 뿐 실행하라고 가르치지 않았다는 것이다. 빌헬름 라이히의 비판도 마르쿠제와 큰 틀에서는 맥락이 유사하지만 더 상세하게 프로이트를 비판하고 대안을 제시했다.

프로이트는 오이디푸스 콤플렉스와 같은 병적 심리와 각종 반사회적 성충동강간이나 근친상간의 충동이 신경증과 불안 증세와 깊은 관련이 있음을 파악했다. 이러한 연구과정에서 성도덕을 기초로 한 문화의 형성을 깊이 있게 인식하게 된다. 문화의 생성과 발전은 성충동의 억압 과정과 관련된다는 것이다.

그러나 프로이트는 "상상하고 말하지만 행위로 나아가지 않는" 치료에 집중한다. 라이히가 발견한 문제점은 바로 프로이트는 심리적 분석에 천착한 나머지 마르크스가 성취한 인간을 둘러싼 사회적 문제를 직시하지 못하는 한계였다. 라이히는 프로이트를 뛰어넘어 성도덕과 성억압의 기제를 정치·문화적 차원에서 정확하게 파악하는 것을 추구했다. 그는 특히 어린이와 청소년의 성충동과 성욕구를 부정하는 교육이 행해지는 사회의 구조와 도덕, 특히 성을 억압하는 기독교 윤리의 지배적 위치를 분석해 낸다. 일부일처제와 성도덕의 억압은 사회적 구조와 문화를 형성해 성적 억압과 착취를 만들어 내고 있었다. 이러한 사회·문화적 억압 구조가 정치화 되어 있는 상황에서 개인적인 심리치료는 한계를 가질 수밖에 없다고 판단한 것이다.

빌헬름 라이히는 이러한 차원에서 프로이트의 기존 이론을 비판하고, 신경증의 원인이 되는 '성도덕' 자체를 분쇄해야 한다고 판단했다. 국가가 사멸할 것이라고 주장한 마르크스주의는 오히려 국가 기능과 국가 기관을 강화시켰고, 인간의 성충동을 연구한 프로이트는 오히려 성충동을 더 억압하게 했다는 비판을 하게 된다. 어린이에게 성교육을 시키고 어린이와 청소년의 성적 욕구를 실현시켜 주어야 한다는 좌파 이론의 원조가 바로 빌헬름 라이히이다. 이러한 사상을 받아들인 한국의 좌파 세력들이 교육청과 지방자치단체를 장악하여 이를 실현하고자 인권이라는 미명하에 학생인권조례 등을 통해 라이히의 성 정치와 성 혁명을 실현하려 크는 것이다.

② 성경제학

라이히는 마르크스주의의 탁월한 사회과학적 분석과 프로이트의 인간 정신에 관한 분석의 장점을 결합시켜 '성경제학'이란 개념을 내놓는다. 노동력의 억압과 착취 구조에 대비해 '성욕구'에 대한 억압과 착취를 분석한다. 예를 들어, 가부장제와 일부일처제는 기독교라는 지배적 윤리·도덕과 관계되고 성에 대한 도덕적 억압과 통제는 가족, 사회, 국가를 형성하는데 관계된다. 산업자본주의에 의해 착취당할 가장은 가부장제-일부일처제 가정에 의해 만들어 진다. 이 가장은 자본가들에 의해 착취당하면서도 열심히 일해서 가족을 부양한다. 여성은 출산과 양육을 담당하여 이 가정을 유지시킨다. 이러한 가정이 기본 단위가 되어 부르주아들의 지배 체제인 자본주의가 유지된다. 남성과 여성 모두 일부일처제의 '성억압'을 받아들이는데 이 때 윤리적 기능을 교회가 강화시킨다. 교회는 간통과 무분별한 성적 쾌락을 금기시 하는 악의 뿌리인 것이다. 교회와 결합한 자본주의는 산업질서에 맞는 가정을 유지하게 함으로써 착취당할 노동자들을 재생산하고 노동력 착취뿐만 아니라 오르가즘을 모르고 가정에 충실한 억압적 부모를 만들어 내게 된다.

두 가지 측면을 상상해 보자. 첫째 문화인류학의 발달로 오지의 한 부족을 연구했다. 그들은 기독교를 모르고 모계사회를 이루고 있는데 성적 억압이 없고 신경증도 없다. 집단 성관계를 비롯해 아버지가 누구인지 몰라도 잘 살고 있다. 일부일처제나 가부장 제도가 없어도 오히려 자유롭게 살고 있다. 둘째 일부일처제는 경제학적 관점에서 효율적일 수 있다. 이상적으로 오르가즘을 느낄 수 있는 파트너를 발견했다. 일부일처제의 형식처럼 둘만의 파트너쉽을 갖는다. 파트너를 찾기 위한 시간 낭비를 줄이고 최적의 만족을 오래 유지할 수 있다. 일부일처제는 경제학적 관점에서 합리적으로 지지될 수 있다. 그러나 성억압의 기제로 작용하는 일부일처제를 용납할 수 없다.

다시 말해, 라이히에게 일부일처제는 이상적 성적 파트너를 구했을 때 경제학적으로 의미가 있는 것이지 그렇지 않을 경우에는 이것이 법으로 통제되거나 국가가 개입해서 결혼과 가정을 정의해서는 안 된다는 것이다. 결국 노동력 착취와 성착취를 위한 이데올로기로에 기초한 결혼과 가정을 해체하기 위한 이론으로 나아간다.

③ 노동민주주의

성경제학의 관점에서 노동자의 삶을 살펴보자. 성욕구가 억압된 상태로 공장에서 일한다. 퇴근 후 집에 오니 비좁은 다세대 주택에 노모와 아이들이 함께 산다. 배우자는 성욕의 대상이 아니다. 공동주택의 특성상 자유롭게 성욕을 충족시킬 수도 없다. 자본주의의 노동력 착취 속에서 성욕도 억압되어 있다. 어렸을 때부터 주일학교에서 배웠던 기독교 윤리는 간통이나 성매매를 금기시 한다. 성적으로 일탈했을 때 죄책감이 생긴다. 이 죄책감 때문에 신경증이 생기고 성기능이 저하된다. 기독교 윤리에 억압된 성욕은 국가와 자본에 복종하는 것과 마찬가지로 '몸'을 문화의 체제에 복종시키고 있음을 상징한다.

따라서 어린이와 청소년의 성을 억압하는 성도덕과 일부일처제를 강요하는 성도덕을 부정해야 한다. '몸'을 억압하고 통제하는 체제에 저항해야 한다. 오르가즘을 충분하게 느낄 수 있는 개인이 더 나은 노동력을 발휘한다는 것은 자명하다. 노동자로서 착취당하지 않는 해방된 사회에서 민주주의의 주체로 살아갈 수 있다. 어린이와 청소년이 자유롭게 성적 자유를 만끽하게 해야 한다. 이 아이들이 자라서 자유롭고 자치적인 노동자가 된다. 행정 조직이나 행정력 자체를 소멸시킬 것이 아니라 군림하는 행정을 소멸시킨다. 진정한 '자치'를 이루고 노동민주주의를 성취한다. 한국의 좌파들이 학교를 해방구로 만들어서 어린이와 청소년이 자유롭게 성적 쾌락을 탐닉하도록 하는 것을 '학생인권'이라고 주장하는 이론적 근거도 바로 빌헬름 라이히에 기인한다. 다음 세대와 건전한 사회를 위해서 결코 용납되어서는 안 되는 퇴폐적 사상이다.

2) 급진적 성 정치(Sex Pol)

이러한 노동민주주의의 성취는 모든 억압적 성도덕을 부정하는 '성 혁명'으로 이룩된다. 오르가즘이 충만한 건강한 정신을 가진 주체가 정치에 직접 참여하고 자본주의의 착취가 없는 일터에서 상승된 노동력으로 즐겁게 일한다. 오르가즘을 느끼는 인간은 반사회적 성충동이 약화되고 신경증에 걸리지도 않는다. 기독교, 자본주의, 근대적 국가, 억압적 문화가 만든 체제 속에서 인간은 성과 노동력을 착취당하고 억압당하고 있었던 것이다. 진정한 해방은 성 해방과 함께 하는 것이다.

'성'은 매우 사적인 영역으로 정치의 대상이 아니라고 생각했다. 마르크스주의자들은 '계급 의식'과 사회과학적 분석에서 성 문제를 인식하지 못했다. 사적인 '성'의 문제를 정치 문제로 다루기 시작한 선구자가 '빌헬름 라이히'이다. 이러한 성 혁명을 이루기 위한 정치가 바로 성 정치이다. 빌헬름 라이히의 성 정치 이론은 동성혼 합법화와 동성애 정치 투쟁을 추진하는 좌파 정당과 좌파 세력에 의해 계승되고 발전하고 있다.

성 정치의 이론과 실천은 라이히 이후 페미니즘과 결합하여 젠더 이데올로기로 발전하는데 큰 영향을 끼친다. 이러한 문제는 68혁명의 영향과도 무관하지 않다. 68에 대해 본격적으로 논의한 후 자세히 설명하도록 하겠다.

II. 세계를 바꾼 68혁명

1. 베트남 반전 운동과 히피 문화

한나 아렌트는 칼 야스퍼스에게 보낸 편지에서 "우리가 1848년마르크스의 공산당 선언의 해에서 배우듯 21세기의 아이들은 1968년에서 배울 것입니다"라고 썼다. 그녀의 예언대로 21세기 좌파들의 사상적 근간은 68혁명과 그에 상응하는 철학들이다.

68혁명은 일본의 급진적 학생 운동을 비롯하여 세계적인 영향을 끼쳤다. 사실상 세계를 변화시켰다. 이 변화의 핵심은 서구가 자랑하던 프로테스탄티즘의 영향으로 형성된 서구적 근대성의 해체라고 답할 수 있다. 문화 혁명이라고 좌파들이 자부하는 이 혁명은 어느 날 갑자기 발생한 것이 아니다. 북미와 유럽에서 베트남 반전 운동으로 국제적 좌파 단체들이 국제적 연대를 형성하며 결집되기 시작했다.

이런 분위기와 함께 '체 게바라'의 영향으로 제3세계 해방 운동이 남미에서 전개된다. 쿠바와 중남미 무장봉기와 혁명이 발생하고 새롭게 유럽에서 전파되는 신좌파 사상이 이들에게 강한 영향을 주게 된다. 반제국주의, 식민주의, 여성 해방, 성 해방 등 좌파 이론이 급속도로 전 세계에 확산되는 계기가 되었다.

여기에 미국의 버클리를 중심으로 발전한 히피 문화가 강력한 문화 운동으로 북미와 유럽의 젊은이들에게 영향을 끼치기 시작한다. 히피들은 반전과 평화주의, 기존 질서와 가치에 대한 반감, 쾌락주의와 신비주의에 빠졌다. 환각물질 체험을 통한 인간 의식의 해방, 집단 거주와 프리섹스, 동성애 및 페미니즘 옹호를 통한 성 해방, 록 음악과 축제적 삶의 지향 등을 꿈꾼 히피들의 생활 혁명의 영역은 넓었다.[5]

현대 사회에서 논란이 되고 있는 LGBT 정치 투쟁으로써의 성소수자 옹호, 반전반핵, 페미니즘과 동성애 운동 등의 수많은 정치 투쟁의 아이디어들이 히피들에 의해 모습을 갖추었다고 해도 과언이 아니다. 60년대 히피 운동은 68혁명의 강력한 동력이 된다. 북미와 유럽에서 걸프전 이후 반미정치 운동과 이슬람 옹호 활동을 벌이는 인사들이 주로 60년대 히피였던 점을 상기해 보면 히피 문화는 사라졌어도 정치적 영향력은 신좌파의 투쟁으로 이어지고 있다고 할 수 있다. 문재인 정부가 추진하는 원전반대와 젠더에 기초한 성평등 Gender equality의 아이디어들은 사실상 68의 정신을 계승하는 것이다. 한국에 명실상부한 68의 이념을 실현하기 위한 혁명정부가 들어선 것이라고 평가할 수 있다.

히피 문화와 베트남 반전 운동을 통해 국제화 되고 조직화 된 좌파 단체들은 젊은이들을 통해 68혁명을 전 세계에 확산시켰다. 한국의 좌파들은 분단과 냉전 체제의 특수성으로 인해 68의 문화 혁명적 특성보다는 서론에서 설명한 것과 같이 '사회 구성체론'과 '종속 이론' 등을 통해 유럽보다 더 정치 투쟁적 성향이 강한 마르크스-레닌주의를 기반으로 한 반제국주의와 민중민주혁명 이론에 빠지게 된다. 이 과정에서 강한 민족주의적 성향을 가진 세력이 남한을 식민지로 규정하고 '미-일 동맹'의 제국주의를 타도하자는 노선을 따르면서 '김일성 주체사상'을 수용하게 된다. 이들이 바로 전대협을 구성한 NL이다. 반제국주의 투쟁은 동일하지만 민족보다는 정통 레닌주의에 기초해 '계급 투쟁'을 강조한 노선이 바로 PD인 것이다. 한국의 PD는 민족주의와 주체사상으로부터 자유롭지 못했다.

구소련이 붕괴하고 동구가 무너지면서 방황하던 21세기 한국의 좌파들은 유럽의 68혁명을 대안으로 여기게 되었고, LGBT 동성애 정치 투쟁을 '인권 운동'으로 전환해 세력 결집에 성공한 유럽 좌파의 노선을 추종하게 된다.

2. 성 정치의 화려한 부활

위에서 설명한 라이히 당시의 좌파들은 젊은이들이 '성' 문제에 집중하면 계급 투쟁과 노동 투쟁에 소홀히 진다고 판단하여 '성 정치'를 멀리했다. 1968년 경제적 풍요와 함께 찾아온 젊은이들의 급진적 행보는 '성 해방'과 '성 정치'를 투쟁의 중심으로 가져오게 된다.

1) 68혁명의 전개

68은 단지 프랑스에 국한된 현상이 아니었다. 전 세계적 현상이자 정치와 철학의 재편을 불러일으킨 사건이었다. 2008년에는 한국에서 68의 40주년을 기념하는 좌파 언론과 지식인의 글들이 폭발적으로 발표되었다. 2011년 월가 시위가 확산되자 『한겨레21』은 "68이 재현되는가?"라는 기대를 대서특필했다.[6] 한겨레의 기대와 다르게 월가 시위의 불꽃은 꺼졌다. 68혁명의 세계적인 권위자인 잉글리트 길허홀타이Ingrid Gilcher-Holtey[7]의 저서를 중심으로 68혁명의 과정과 내용을 간략하게 정리해 보자.

① 국제적 좌파 연대

베트남전에 대한 반전 운동을 통해 미국의 '민주 사회학생연합'과 유럽영국, 프랑스, 이탈리아, 서독의 뉴 레프트 운동 등의 좌파 단체들이 국제적 네트워크를 형성하고 정치 투쟁에서 연대하게 되었다. 반전 운동은 미국의 흑인 민권 운동과 결합하면서 규모가 확대된다. 혁명가 "체 게바라"가 운동권의 영웅으로 등장하면서 반제국주의·반자본주의 정치 투쟁의 강령이 형성되었다.

미국의 좌파들이 반전 운동을 하면서 징집을 피하기 위해 대학원에 진학하고 이들이 현재 미국을 위험에 처하게 하는 좌파 교수들이 되었다는 진단이 있다.[8] 이슬람을 옹호, 다문화 선전, 동성애 정치 운동에 헌신하는 좌파 교수들은 학생들을 자신들의 좌파 사상으로 물들이고 있다. 실로 68혁명의 21세기의 영향력은 매우 크다.

② 프랑스 낭떼르 대학 사건

1968년 남학생의 여학생 기숙사 출입금지_{성별 분리} 규정에 학생들이 반발하면서 반항이 시작되었다. 주동자인 다니엘 콘벤디트_{독일계 유대인 유학생}가 청년의 성 문제를 체육청소년부 장관 프랑쑤아 미쏘프에게 항의하면서 저항했다. 대학시설을 점거하고 농성을 했는데 철학자 장 폴 사르트르와 콘벤디트가 토론하게 되면서 콘벤디트는 시위와 투쟁의 아이콘이 된다.

학생들은 좌파 운동의 중심이었던 레닌주의를 거부하고 저항의 지도부를 따로 구성하지 않았다. 탈중심적·탈권력적 운동이 진정한 투쟁이라는 강령하에 시위와 점거를 확산시킨다. 5월에는 파리 전체에 시위가 확산되었다. 노동계의 총파업이 시작되고 노동계와 학생운동권의 연대와 분열이 시작된다. 좌파들은 프랑스 사태가 시작된 낭떼르 대학을 68의 성지라고 부른다.

③ 마오쩌둥의 부상

미국, 영국, 이탈리아, 프랑스의 점거 시위 학생들은 마오쩌둥을 자신들의 영웅으로 세우고, 그의 해방구 개념을 사용하기 시작한다. 1966년에 마오의 혁명동지 '린 빠오'가 가려 뽑은 『마오어록』은 1968년 파리에서 삽시간에 10만부가 팔려 나가면서 시위 학생들의 경전이 되었다.

④ 레지스 드브레와 같은 혁명가의 탄생

미제국주의로 상징되는 현대적 제국주의와 자본주의와의 투쟁을 위해 남미에 가서 혁명에 가담하는 유럽 청년들이 등장했다. 프랑스의 레지스 드브레는 카스트로와 체 게바라의 주목을 받을 정도로 열렬한 혁명가가 되었다. 루이 알튀세르의 철학에 매료되어 혁명가가 된 드브레를 통해 네오 마르크스주의, 후기 구조주의, 포스트모던 철학의 급진성과 위험성을 짐작할 수 있다.

⑤ 아비를 죽인 독일의 68혁명

네오 마르크스 사상가로 프랑크푸르트 학파를 대표하는 테어도어 아도르노를 비난하고 모욕하는 것으로 상징되는 독일의 68혁명을 좌파들 스스로 "아비를 죽인 혁명"이라고 부른다. 좌파들의 스승이었던 아도르노를 실천하지 않는 지식인으로 지목하여 모욕하고 비판하는 것으로 저항이 시작되었다. 모든 권위에 저항하는 것을 목표로 하는 투쟁은 (근대와 근대적 권위를 상징하는) 스승도, 대학도, 정부도 저항의 대상이 되었다. 베를린과 프랑크푸르트가 봉쇄되는 사태로 발전했다.

⑥ 삶의 영역에서 정치적인 것의 발견 : 루이 알튀세르와 마오의 만남

마오의 문화 혁명은 반권위주의교수를 모욕하는 대학생으로 상징되는 혁명적 태도, 평등주의, 구좌파의 경직성마르크스 교조주의 극복 외에도 서구 좌파들에게 매우 매력적이었다.

마오의 문화 혁명은 "존재가 의식을 창출하지 않고, 의식이 정치적 행동을 매개로 존재를 각인한다는 전제"에서 출발한다. 생산수단의 사회적 소유만으로 혁명이 완성되는 것이 아니다. 정치적·이데올로기적 영역에서도 계급 투쟁이 절실하다. 엄격한 토대·상부 구조 도식을 근거로 한 교조적 서구 마르크스주의 지식인들이 회의에 빠져있을 때 유럽의 좌파들에게 마오의 사상은 복음과도 같았다. 루이 알튀세르 이론의 추종자인 예일대의 좌파 사회학자 제프리 알렉산더Jeffrey Alexander가 "마오의 관념이나 사상은 동방에서 서광이 비치는 것과 같았다"라고 표현한 것은 이러한 차원을 의미하는 것이다.

루이 알튀세르의 이데롤로기 이론은 마오이즘과 상통한다. 파리고등사범학교의 철학자이자 프랑스 공산당원인 알튀세르는 '이데올로기적 국가 기구' 이론을 발전시켰다. 교회, 학교, 교육기관 대학, 노조, 정당, 가족, 신문, 매스미디어 등이 이런 기구이다. 이데올로기적 국가 기구가 생산 및 권력 관계에서 정부, 군대, 경찰, 관료제, 법원, 감옥과 같은 '억압적 국가 기구'를 뒷받침 한다. 지배 계급과 피지배 계급은 각자의 이데올로기를 만들어 낸다. 이데올로기 경쟁이 세계관의 변동을 가져올 수 있다. 이데올로기는 인식의 변화를 거쳐 사상과 실천의 변화로 이어지는 '효과'를 나을 수 있다. 이제 철학적인 측면에서 "이데올로기" 투쟁이 시작되는 것이다.[9]

물적 토대가 모든 것을 좌지우지 하는 것이 아니라, 오히려 이데올로기가 생각과 세계를 바라보는 시각을 지배하는 것이다. 마오의 '문화 혁명적 이론'은 알튀세르의 이데올로기론과 이런 차원에서 결합하여 부수적 효과들을 발생시켰다. 사실 마오의 문화 혁명은 권력 투쟁의 상황에서 정적들을 제거하기 위한 마오의 술수에 불과하였는데 유럽에 와서 68혁명을 문화 혁명이라고 하는 맥락에서 유럽의 좌파들이 '마오이즘'에 의미를 부여해 주게 된다.

프랑스의 마오주의자들은 주로 알튀세르 학파에서 나온다. 그들을 '알튀세르의 병사'라고 불렀다. 마오와 루이 알튀세르의 만남으로 사계를 뒤집어엎는 문화 혁명은 절정에 달하게 된다. 이 때 알튀세르를 중도적이라고 비판한 진정한 마오이스트임을 자청한 알랭 바디우도 등장하게 된다. 현재 한국의 좌파 이론가들은 알랭 바디우를 교주와 같이 신봉하고 있다.

알튀세르는 프랑스 공산당을 선도하는 이론가였다. 그의 철학은 마르크스와 프로이트에서 출발한다. 조울증을 앓다가 1980년 아내를 정신착란 상태에서 교살한다. 1990년 사망할 때까지 정신병원과 아파트에 갇혀 지냈다. 1971년 발표한 논문 〈이데올로기와 이데올로기적 국가 장치들〉은 주체에 대한 논의의 세계적 지형을 바꾸어 놓았고 특히 국가에 대한 고전적 마르크스주의의 한계를 극복했다는 평가를 받았다.

⑦ 마오쩌둥의 문화 혁명[10]

미국의 중국사 전문가 모리스 마이스너는 마오쩌둥의 '문화 대혁명'은 인민공화국의 사회생활과 정치생활을 10여 년 공식적으로 1966년 5월-1976년 10월에 걸쳐 왜곡하고 지배한 중국사의 대재앙으로 평가한다. 중국현대사의 정치·문화적 대재앙이라고 할 수 있는 마오의 문화 혁명에 유럽의 청년들이 열광했다는 사실이 믿기지 않지만 사실이다.

2천 년간 내려온 소농생산의 전통 속에 뿌리박혀 있는 봉건성이 대약진 운동의 유토피아주의에서 드러나는 '극좌주의'를 창출했다고 모리스는 평가했다. 수세기의 전통을 가진 봉건독재가 혁명의 형태를 갖추면서 피해를 크게 만들었다는 것이다. 한마디로 반지성주의의 광기에 의해 지식인들이 가장 큰 피해를 입었다. 프랑스 철학자들을 중심으로 유럽의 대학생들이 반지성주의의 광기에 심취했다는 것도 역사의 '아이러니'라고 하겠다.

마르크스-레닌주의의 마오주의적 전환에서 가장 중요한 부분은 '인민이 올바른 사상과 의지로 무장한다면 어떤 물리적 장애물도 극복할 수 있으며 그들의 사상에 따라 사회 현실을 만들어 갈 수 있다'는 신앙이었다. 정통 마르크스주의의 역사적 발전과 '객관적 법칙'에 대해 부정하는 것은 아니었지만 역사의 길은 궁극적으로 사람들이 무엇을 생각하는가에, 그리고 혁명 활동에 참가하려는 이들의 의지에 의해 결정된다는 것을 마오는 굳게 믿고 있었다.

인민에게 올바른 의식을 불러일으키는 것, 이데올로기의 전환과 사상 개조에 대한 강조는 바로 이러한 신념에서 비롯된 것이었다. '사람이 기계보다 중요하다'는 금언이 혁명을 실현하고 전쟁을 수행하기 위한 '마오주의'의 원칙이었다. 기존의 레닌주의와도 다른 점은 레닌이 '자본주의가 남긴 모든 문화를 손에 넣어 그것으로부터 사회주의를 건설하는 것'이 필수적이라고 한 것을 마오는 부정했다. 마오는 물질적 생산력의 발전이 선행되어야 공산혁명이 가능하다는 이론에 동의하지 않았다. 혁명의 전제 조건은 사람들의 의식을 '프롤레타리아화' 하는 '의식 개조'이고 이 의식 개조는 '문화 혁명'이라는 수단으로 달성된다고 보았다.

의식의 개조를 강조한 그의 혁명 노선은 구조주의 철학과 이론적 맥락에서 상통하는 면이 많았고, 알튀세르를 비롯한 프랑스 좌파 철학자들에게 큰 영감을 주었다. 68혁명의 영향으로 유럽의 젊은이들이 남미 좌파 혁명에 동참한 것도 '마오주의'와 무관하지 않다고 할 수 있다.

2) 젠더 이데올로기와 성 정치는 어떻게 좌파 투쟁의 중심에 서게 되었는가?

이제 위에서 학습한 내용을 성 정치가 68혁명을 통해 정치 투쟁의 중심이 된 상황에 적용해 보자. 68혁명의 진정한 의미는 이것이 '문화 혁명'이었다는 점이다. 기존의 권위와 근대적 위계에 대한 저항과 이데올로기 투쟁이 본격적으로 전개된다. 남/녀, 제국주의/식민지, 지배/종속, 자본가/노동자 등의 근대적 '대립항'을 해체하는 것을 목표로 삼는다. 정치는 더 이상 거시적인 제도의 차원을 넘어서 미시적인 생활 세계의 문제, 즉 성관계(이성애와 동성애, 성역할 등)의 문제로 확장된다.

남성 중심의 가부장 질서로 형성된 가정, 그리고 침실에서 이루어지는 '성'도 모두 정치적 관점에서 이데올로기 투쟁의 대상이 된다. 가부장 제도와 이성애 중심의 일부일처제, 가족 등의 이데올로기들을 파괴하고 해체해야 진정한 해방이 이루어진다. 성별의 개념, 가족의 개념을 해체하고 재구성해야 한다. 정치 투쟁과 혁명의 목적은 바로 성별의 해체와 전통적 가정의 해체를 통한 진정한 해방이다.

아울러 투쟁의 방식을 부르주아 자본주의 세계 자체를 타도하는 방식이 아니라, 체제 내에서의 이데올로기 투쟁으로 전환한다. 예를 들어, '시민권'이라는 부르주아 자유주의 정치 체제의 제도를 부정하는 것이 아니라 소외된 동성애자가 시민권의 재편을 통해 이 시민권의 범주로 포함되는 '시민권 재구성'의 투쟁으로 나간다는 것이다.

68혁명은 소수자 투쟁과 이 소수자들의 이데올로기 투쟁의 사상적 대전환이 되었다. 이런 구조에서 소외되고 억압된 자들의 해방을 위한 투쟁이 강화되고 페미니즘과 젠더 이데올로기가 등장하여 급성장하게 된다. "소외"와 "타자화"에 대한 민감한 인식이 "관용"으로 이질적인 것을 포용한다는 인권 사상으로 강화되었다. 불법 이민에 대한 관용과 다문화주의는 유럽의 이슬람화를 초래하고 페미니즘과 젠더 이데올로기 투쟁은 유럽을 동성애의 낙원으로 타락시켰다. 결국 프로테스탄티즘으로 구성된 서구의 근대성을 해체시키는 혁명이 볼셰비키 혁명보다 더 강도 높게 효과적으로 진행되고 있는 것이다.

제자가 스승을 욕보이는 마오의 문화 혁명에 영감을 받은 68혁명은 그 자체로 패륜의 길이었고 인간 중심의 타락의 길이었다. 68혁명의 정신을 성주류화Gender Mainstreaming로 실현하고자 하는 좌파들의 혁명은 유엔을 통해 세계 지배의 야욕으로 진행되고 있다. 문재인 정부의 성평등위원회는 바로 이 성주류화GM를 한국에서 실현하기 위한 것이다. 동성애 정치 투쟁에 주요 이론이 된 푸코의 이론을 검토한 후 성주류화를 다루도록 하겠다.

3. 푸코의 생명 정치[11]

푸코는 자신을 포스모더니즘으로 보는 시각을 거부했다. 그의 추종자들은 푸코를 해체주의나 포스트구조주의, 포스트마르크스주의로 지칭하는 것도 부정확한 것이라고 주장한다. 그를 무엇이라고 지칭하든지 68혁명 이후 형성된 좌파의 이론 지형에서 푸코는 중요한 위치를 점한다. 푸코의 철학은 해체주의나 후기 구조주의로 부를 만한 요소도 포스트모던이라고 표현할 요소도 모두 갖추고 있다고 볼 수 있다. 특히 '주디스 버틀러'로 상징되는 "퀴어 이론"의 철학에도 푸코는 지대한 영향을 주었다.

푸코 외에도 라캉, 데리다, 들뢰즈 등 영향력 있는 철학자들이 있다. 위에서 언급한 루이 알튀세르를 비롯하여 본고에서 언급된 철학자들은 마르크스, 니체, 프로이트 이론의 영향을 받거나 결합하고 보완하면서, 상호 논쟁하는 가운데 등장하고 발전했다.

1) 생명 권력과 자본주의

푸코는 권력에 관한 기존의 이론들이 자유주의와 사회주의를 막론하고 권력을 하나의 실체, 하나의 소유물로 바라보았다고 비판한다. 권력을 실체로 보게 되면 국가의 전복과 혁명, 의회 정치, 대통령 선거와 같은 거시적 차원의 것은 진짜 정치이고, 개인의 정체성 투쟁가령, 동성애, 장애인, 외국인 불법 체류자, 페미니즘의 담론은 거시적 정치에 종속되는 것으로 보게 된다. 푸코는 권력을 근본적이고 미시적인 일상의 문제로 본다. 거시적인 것은 미시적 권력들의 효과로 드러나는 권력 현상의 가장 가시적인 부분이라고 주장한다. 가령, 좋은 학벌을 가진 남성들로 구성된 대법원을 생각해 보자. 대법원이라는 거시적인 정치의 대상은 가부장적이고 학벌을 중시하는 일상적 권력관계들이 수없이 중첩되어 나타난 가시적 현상이다. 일상적이고 미시적인 차원의 대상들이 그 자체로 정치적인 것이다.

푸코가 거시적인 현상을 무시하는 것이 아니라 거시 권력에만 집중하게 되면 미시 권력의 다양한 저항 지점을 놓치게 된다고 설명하는 것이다. 결국 거시 정치를 바꾸려고 하는 동기나 이유도 일상의 미시 정치를 바꾸고자 하는 관심에서 기인한다는 논리이다. 기존의 자유주의와 마르크스주의는 '권력'을 양도하거나 탈취할 수 있는 경제적 소유물로 보았다. 푸코가 자신의 권력-지식론을 통해 극복하려고 했던 것은 이러한 경제를 기초로 한 '권력론'이다. 권력은 소유하는 실체가 아니라 담론 또는 비담론적 효과를 불러일으키는 전략적 상황의 총체이고 권력관계의 문제라는 설명이다. 권력은 단수의 실체로 존재하는 것이 아니라 지식-권력의 차원에서 무한하고 다양한 복수의 권력관계들을 만들어 낸다.

예를 들어, 푸코의 저서 『감시와 처벌』에 나타난 내용을 검토해 보자. 군주가 반역자를 공개처형한다. 공개처형의 목적은 대중에게 "공포"를 주어 반역의 동기를 제거하는 것이었다. 그러나 공개처형당한 반역의 수괴는 처형의 퍼포먼스로 인해 오히려 대중 사이에서 영웅으로 남는다. 이러한 형벌이 별로 효과가 없다. 새로운 지식은 신체형에서 자유형으로의 전환을 통해 범죄자의 자유와 몸을 권력이 지배하고 통제하는 방향으로 나아가게 된다. "교화"와 "교정"이라는 새로운 지식이 등장하고 "범죄자가 실제로 교화나 교정이 되었는가?"와 무관하게 근대적 감옥은 새로운 권력관계를 만들어 낸다. 규율 권력의 전략이 바뀐 것이다. 근대와 근대성은 이러한 생명에 대한 규율 권력의 전략과 깊은 관련을 갖는다.

근대의 문턱에서 자연적 생명이 국가 권력의 매커니즘과 통제 체계로 통합되기 시작하고 정치가 '생명 정치' bio-politique로 변화하는 과정을 보여준다. 아리스토텔레스 이후 지난 수천 년 동안 인간은 생명을 지닌 동물이면서 동시에 정치적 삶을 누릴 수 있는 존재로 이해되어 왔다. 근대적 인간은 생명 자체가 정치에 의해 문제시 되는 동물인 것이다.

개인이 살아있는 신체라는 의미로 정치 전략의 중요한 관건이 될 때 한 사회가 '생물학적 근대(성)'에 도달한 것으로 본다. 이러한 관점에서 자본주의의 발전과 승리는 일련의 적절한 기술들을 통해 자본주의가 요구하는 이른바 '순종하는 신체'를 산출해 낸 새로운 생명 권력의 규율적 통제가 없었다면 불가능 했을 것이라는 분석이 가능해 진다.

2) 개인화와 전체화의 이중 구속

서양의 근대 국가는 엄청난 속도로 주체를 개인화 했다. 동시에 이 개인화 하는 기술들을 통해 개인을 전체화 과정들과 통합시켰다. 이것을 '이중 구속'이라고 한다.

인기를 끈 영화 "국제시장"을 예로 들어 보자. 주인공은 파독광부 모집에 지원한다. 박정희 시대는 근대 국가를 건설하고 산업화의 과정을 겪는 시기이다. 자본은 광산에서 일할 '순종하는 신체'를 필요로 한다. 국가는 국민에게 국민체조를 보급하고 개인의 건강을 보건 정책의 활용을 통해 관리한다. 전염병이나 공중보건을 국가가 관리한다. 건강한 청년이 있어야 독일에 가서 광부도 하고, 군인이 되어 베트남전에 참전할 수 있다. 조선 시대의 애민사상이나 통치 기술과는 본질적으로 다르다.

당시 유럽의 선진국과 같은 사상·표현의 자유 정치적 자유는 없었지만 독일에 광부로 가는 것은 개인이 선택한 것이다. 개인은 시장에서 자신과 가족을 위해 다양한 선택을 할 수 있다. 이러한 선택의 자유도 권력이 보장하는 것이다. 강제로 동원된 것이 아니다. 그러나 이 개인은 한국이라는 국가를 인식하고 노동과 외화수입을 개인의 문제로만 여기지 않는다. 개인화와 개인화를 다루는 권력의 기술은 이 개인을 전체화로 수렴시킨다.

시장에서 자유롭게 자신과 가족을 위해 선택하는 개인이 있고, 주권 권력은 이 개인의 생명 자체와 건강을 중요한 정치 문제로 다룬다. 이 개인은 건강하게 기업에서 일하고 가족을 부양한다. 이 개인들을 권력의 전체화 과정에 통합시킨다. 이제 권력은 주로 국민의 생명과 건강을 관리한다. 이러한 관점은 병원과 제약회사_{다국적 자본}가 전문가 그룹_{보건, 건강 전문가와 관료 집단}과 더불어 인간의 몸과 생활을 지배하는 권력의 상황을 묘사하는 이론으로 발전했다.

가정 내에서 가부장적 가장의 권력은 미시적 관점에서 존재한다. 가장은 남자다. 여성과 아이들은 복종한다. 가정은 출산을 통해 사회 구성원을 재생산한다. 남편이 해외에서 외화벌이를 할 동안 여성은 간통하지 않고 묵묵히 순종하며 아이들을 양육한다. 가정 내의 미시 정치와 대통령 선거와 의회·정당 정치와 같은 거시 정치는 총체로서 권력관계를 형성하고 있다.

심지어 침실에서 부부가 성관계를 갖는 미시적 관계 속에서도 권력관계는 드러난다. 가장은 자신의 욕구를 위해 여성의 몸을 지배할 수 있다. 가부장 제도와 이성애 중심의 이데올로기는 여성을 복종시키고 여성의 몸을 남성이 지배할 수 있도록 하는 미시적 정치이다. 이 권력적 담론 구조_{가부장과 이성애주의} 속에서 섹스를 수용하기 때문에 지배-종속의 가부장주의가 유지 된다. 생명 권력은 이러한 담론의 지배적 구조를 이용하여 정치적 목적을 달성한다. 따라서 이러한 미시적 차원에서 저항의 포인트를 찾아내고 투쟁해야 한다.

푸코는 주권 권력을 분석하면서 개인화와 전체화의 '이중 구속'이라는 수렴에 대해서는 언급했지만, 이 수렴 과정 자체에 대한 명확한 이론을 제시하지 못했다. 이러한 푸코의 생명에 대한 권력과 정치의 이론을 '생명 정치'라고 부른다. 푸코의 이론은 동성애를 정치 투쟁의 전략 전술로 활용하는 좌파 세력과 이론가들에게 큰 영감을 주었다. 푸코는 동성애자로서 에이즈에 걸려 극심한 고통 속에서 죽었다.

4. 주디스 버틀러와 '퀴어 이론'[12]

주디스 버틀러Judith Butler는 동성애 정치 투쟁 진영에 엄청난 영향을 끼쳤다. 뒤에 자세히 설명하게 될 성주류화GM의 사상적 기초를 마련했다고 해도 과언이 아니다. 버틀러는 푸코·들뢰즈 등 프랑스 후기 구조주의 철학자들의 영향을 받은 이른바 '포스트모던 페미니즘'의 대표 주자이기도 하다.

주디스 버틀러는 뒤에 자세히 설명할 페미니즘의 계보에서도 특별한 지위를 갖는다. 2기 페미니즘 이후 페미니즘의 논의를 한 차원 상승시킨 사상가로 평가되고 있다. 특히 '여성 없는 페미니즘'이라는 별칭을 얻게 된 그의 이론은 젠더의 정체성 자체를 부정하는 것이다.

우리는 쉽게 이런 질문을 할 수 있다. "레즈비언 커플 중에 남자 역할을 하는 '부치'와 여자 역할을 하는 '팸'이 있는데 이것은 페미니즘의 오류를 지적하는 좋은 예가 아닌가?". 그러나 버틀러는 이미 여성이 여성적 여성/남성적 여성으로 분리 가능하다는 것 자체가 남녀의 이분법적 구도를 허무는 것이며 젠더 교차적 동일시의 가능성을 보여주는 것이라고 설명한다.

문제는 '부치'와 '팸'이라는 이분적 구도는 역설적으로 생물학적으로 주어진 성으로서의 여성과 강박적인 문화의 압력에 의해 형성되어 가는 여성이라는 이분법을 내적으로 이미 함축하고 있다는 것이다. 버틀러는 생물학적 성인 SEX도 문화적 성인 Gender가 규정한다고 주장했다.

버틀러는 원본과 패러디라는 관점에서 이러한 남자 역할의 여성과 여성 역할의 여성의 문제를 설명함으로써 젠더 그 자체가 근원이 없는 모방임을 드러낸다. 다시 말해 패러디는 원전이 이미 존재하고 이 원본에 대한 모방이라는 의미로 인식하는데 진실은 모방이라는 행위 자체가 원전의 진본성이나 권위를 손상시키기 때문에 더 이상 원전/모방본이라는 이분법적 구분이 불가능하게 된다는 것이다. 따라서 '젠더 패러디'는 젠더 자체를 양식화 한 후 원래의 정체성은 그 자체가 기원이 없는 모방의 일종이라는 설명이다.

① 기존의 페미니즘과의 차별성

기존의 페미니즘은 남자와 여자의 성별sex 구분을 전제한 후 여성의 사회적 지위 향상을 도모했다. 이와 달리 포스트모던 페미니즘은 태어나면서부터 본질적으로 결정된 성적 정체성은 없다는 주장을 펼친다. 버틀러는 생물학적으로 타고난 성별sex 조차도 사실은 후천적으로 형성된 젠더gender처럼 반복적인 모방적 실행을 통해 문화적으로 구성되었다고 주장한다. 성별과 젠더의 구분을 거부하고 이들을 모두 제도적 지배 담론의 산물로 간주하는 것이다.

② 성 정체성의 해체

성 정체성의 해체는 이성애-동성애의 구분조차 권력 담론의 일부로 비판하면서, 동성애를 이성애의 권력적 입장에서 천시할 근거가 없다는 주장으로 이어진다. 여성주의 이론이 여성의 권리 향상 차원을 넘어 남성까지 포함한 소수자의 성애 문제로 관심이 확대되는 지점이다. 동성애에 대한 버틀러의 새로운 인식론을 '퀴어Queer 이론'이라고 부르기도 한다. 버틀러의 철학에 대해 '여성 없는 페미니즘'이라는 비판이 제기되는 배경이기도 하다.

③ 확장된 친척 관계와 네트워크

확장된 친척 관계와 공동체 네트워크 이론은 전통적인 가족보다 넓은 개념이다. 출산·성장 의례·결혼·노화·죽음장례처럼 인간의 삶을 끊임없이 재생산해내는 소중한 것들이 좁게 정의된 가족 형태 안에서만 가능하다고 보지 않는다. 확장된 친척 공동체, 사회 제도, 의료 제도 등을 유기적으로 연결할 것을 주장한다.

헌법 개정 정국을 틈타서 헌법에 삽입하고자 하는 평등한 개인이 구성하는 가족이라는 이념은 버틀러의 철학에 기인하는 것이다. 가족을 재정의 하고 가족보다 넓은 개념의 친족 공동체와 이에 따르는 각종 사회·의료 제도를 통해 가정과 사회 국가를 재정의 하고자 한다.

5. 케이트 밀렛(Kate Millett)의 성 정치학[13]

케이트 밀렛의 "성 정치학"sexual politics은 '성 정치학'이란 말을 일상어로 만들어낸 현대 페미니즘 이론의 고전이다. '사적인 것이야말로 정치적인 것이다'라는 명제를 확증한 저서라고 좌파들이 소개하고 있다. 이 책은 1970년 7월에 출판되었다. 좌파들은 케이트 밀렛을 "여성 해방의 마오쩌둥"이라고 칭송한다. 4천 5백만 명 이상을 학살한 독재자 마오쩌둥의 칭호를 부여하는 것이 명예로운 것이라고 여기는 자들은 분명히 열린사회와 민주주의의 적이다.

밀렛의 이론적 목표는 성과 성행위 속에 감추어진 가부장제를 철저히 파괴하는 것이다. 밀렛은 주로 문학 작품을 평론하면서 자신의 이론을 전개했다. 특히 '여성 구실을 하는 남성 동성애자'였던 작가 주네의 비참한 체험을 통해, 남성과 여성 사이에 존재하는 지배-종속의 성 정치를 폭로하고 규탄했다. 주네의 작품을 분석하면서 밀렛은 완전한 성 혁명이 없는 한 진정한 인간 해방은 오지 않는다고 단언한다. 성이라는 감옥을 해체하지 않고서는 근본적 사회 변혁은 불가능하다는 주장이다.

인간 해방을 위해 가부장제와 가부장제에 기초해 형성되어 있는 성의 역할과 권력관계를 철저하게 분석하여 해체하지 않으면 안 된다는 이론을 제시했다. 이러한 성 해방과 성 정치 이론은 동성애 정치 투쟁의 주요한 이념으로 자리 잡았다.

6. 성주류화(Gender Mainstreaming)의 등장과 확산

성주류화Gender Mainstreaming는 1995년 북경에서 열린 제4차 세계 여성 대회에서 공식화 되었다. 세계여성회의는 '북경선언'과 '행동강령'을 통해 성인지 관점gender perspective을 정책에 통합함으로써 참여국 정부가 정책의 성주류화를 추진하도록 촉구하였다.[14] 문재인 정부는 2017년 9월 6일 여성가족부를 통해 대통령 직속 '성평등위원회' 설치하기로 하고 민관 합동 태스크포스인 '성평등위원회 출범 준비 TF'를 구성했다.[15] 여기서 말하는 '성평등'gender equality의 의미는 남녀의 '성평등'을 의미하는 것이 아니라, 성별을 구별하는 것 자체를 해체하는 '성주류화'라는 전략을 통해 결과적 절대평등의 실현으로서의 '젠더 평등'을 실현하는 것이다.

'성주류화'의 내용을 담은 북경선언과 행동강령을 요약하면 다음과 같다. ⓐ "모든" 정책과 "모든" 프로그램을 대상으로 한다. ⓑ "모든" 단계에 개입한다. ⓒ "성인지 관점"을 통합한다. 젠더 구성이 모든 종류의 정책과 모든 단계의 정책과 관련되어 있다고 볼 때 성주류화는 성인지성을 통합한 정책을 실행함으로써 젠더 평등을 체계적으로 실현하려는 전략이다.[16] '성주류화'가 무서운 것은 이를 실행하는 국가가 행사하는 모든 공권력이 성인지적 관점에서 실행되어야 하는 동시에 법체계를 젠더 관점에서 구성해야 한다. 중앙정부에서 지방정부까지 모든 공권력 행사에 성인지적 관점이 반영되어야 하고, 헌법에서 조례까지 모든 법체계에 반영되도록 하고 있다. 여기에 필요한 예산까지 의무적으로 편성하도록 하는 것을 강조하고 있다.

최근 국가인권위원회가 제시한 '헌법 개정안'에서 양성평등에 기초한 혼인과 가정에 대한 조항을 '성평등' 또는 '평등한' 개인이 자유롭게 구성하는 혼인과 가정으로 개정하려는 시도 역시 '성주류화'를 법체계에서 실현하려는 시도로 볼 수 있다. 일부일처제에 기반한 전통 가정이 성역할과 이에 따른 성적 위계질서를 반영한 것이기 때문에 임의적으로 구성할 수 있도록 기존의 혼인과 가정을 해체해야 하는 것이 성주류화의 전략이다. UN은 공식 개발원조자금ODA과 '성주류화'를 연계시켜 개발도상국이 성주류화를 시행해야만 원조를 주는 방식으로 '성주류화'를 확대해 나가고 있다. 위에서 이미 검토했던 68혁명의 정신이 UN을 통해 실현되고 있는 것이다. 성주류화는 결과적인 절대평등을 추구하는 전략으로 '성평등'이 아니라 사실상 성별을 구분하는 세계를 해체하는 것이라고 정의할 수 있다. 이미 젠더는 세계 정치의 한 분야로 확실하게 자리매김하였다.[17]

유럽 연합EU은 이미 1997년에 성주류화를 회원국들의 의무라고 선포하였고, 1999년 5월 1일부터는 법적인 구속력을 가지고 성주류화가 실행되고 있다. 이에 따라 독일 정부를 포함하여 EU 모든 정부들도 결국 성주류화를 자신들의 법체계 내에 정착시키게 되었다. 이는 공적인 삶의 모든 영역에서 남성과 여성이라는 양성을 취급할 때, 어떤 차별도 해서는 안 된다는 법적 원칙을 채택했다는 것을 의미한다. 이들은 '차별'이라는 용어를 사용하고 있지만, 사실상 성별을 '구별'하지 않는 것으로 보아야 한다. 다시 말해, 성별을 구분하지 않는 사회를 만들어 결과적인 절대평등을 실현한다는 전략이다. 한국에서도 "여성학" 또는 "성 문화", "성과 사랑" 등의 이름으로 각 대학에 강좌가 개설되어, 이러한 '젠더학'을 거의 모든 대학생이 배우고 있다.

위에서 언급한 주디스 버틀러가 철학적으로 성주류화의 이론을 뒷받침하고 있다고 해도 과언이 아니다. 버틀러의 "젠더 트러블"이라는 책은 68혁명 이후 형성된 사상적 분위기에 편승해 세계적으로 확산된다. 젠더 트러블은 생물학적 성이 문화적 성인 젠더에 의해 규정된다는 급진적 내용을 담고 있다. 우리는 타고나는 성별로서 SEX를 인식하지만 사실, '여성'이라는 것은 문화적으로 만들어져 억압과 착취를 당하는 것이고, 이 젠더가 거꾸로 'SEX'를 규정한다는 이론이다. 따라서 젠더가 고정된 것이 아니고 '젠더'간 트러블을 일으키고, 오히려 이 트러블은 권장되는 것이고 '젠더'내에도 트러블이 발생할 수 있다고 주장한다. 다시 말해, 여성 없는 여성학이라는 별명에서도 볼 수 있듯이 '여성'이라는 실재는 존재하지 않는다. 이들이 LGBT에 집착하는 것도 젠더 트러블의 직접적인 증거로 내세울 수 있기 때문이다.

버틀러가 '여성' 없는 여성학을 주장했다면, 성쥬류화는 '성별' 없는 성정책이자 성전략인 것이다. 이들의 성 정치와 성 혁명은 결국 부르주아 자본주의를 지탱하기 위해 이데올로기적으로 조작된 SEX와 성역할을 해체하는 것을 넘어 성별 자체를 해체하는 정치적 목표를 추구하는 것이다. 여기에 가부장제가 해체되지 않으면 문화적 구성체인 '여성'의 해방은 근본적으로 불가능하다고 본다. 가부장제의 가족 제도와 이를 기반으로 한 자본주의는 반드시 해체해야 하는데 이 때 또 다시 가장 큰 걸림돌이 되는 것이 교회다. 교회와 이들의 혁명은 양립할 수 없다. 따라서 기독교인임을 자임하면서도 이들의 주장에 편승하는 세력의 정체를 교회는 묻지 않을 수 없게 되는 것이다.

7. 페미니즘의 계보 [18]

위에서 검토한 '성주류화'가 세계를 바꾸는 전략이 된 배경에는 페미니즘의 발전과 투쟁의 역사가 존재한다. 이제 간략하게 페미니즘의 계보를 파악해 보도록 하자.

1) 사상에 따른 페미니즘의 분류

① 자유주의 여권론

초기의 페미니즘이다. 자유주의 사상은 서구 사회가 봉건제에서 자본제 사회로 이행하는 과정에서 18세기에 생겨난 새로운 이념이다. 자유주의는 인간의 본성이 이성에 있으며 만인은 이성적 존재로서 동등하다고 여긴다.

이러한 믿음은 봉건적 신분 질서를 무너뜨리는 해방적 역할을 했다. 여성들이 자유주의 이론에 힘입어 남성들의 특권에 저항하였다. 루소나 로크의 이론에 여성을 포함시키는 것을 주요 내용으로 한다.

② 마르크스주의 페미니즘

계급 모순이 기본적인 문제라는 마르크스주의의 전제를 인정하면서 여성 억압을 낳는 궁극적 요인을 사적 소유제 혹은 근대적 자본주의 체제로 보는 이론이다.

엥겔스는 출산에서의 역할 차이와 같이 남녀의 생물학적 차이에서 비롯된 성별 분업이 인류 사회 최초의 분업이라고 본다. 이는 다시 집안일과 바깥일을 나누어 맡게 되고 사회경제적 변화로 바깥일이 중요해 지면서 남성이 지배권을 갖고 여성을 종속시켰다는 설명이다. 성역할과 성위계는 자본주의의 체제 유지를 위해 필요하다.

③ 급진적 페미니즘
ⓐ 생물학주의

급진주의는 미국에서 생겨났다. 선두주자로 파이어스톤Shulamith Firestone이 있다. 남성은 여성의 성과 출산을 통제함으로써 여성을 지배해 왔다. 부와 모, 자녀로 구성되는 생물학적 가족 체제가 여성 억압을 낳는다. 따라서 여성이 해방되려면 생물학적 가족이 해체되어야 한다. 점진적으로 여성이 과학기술을 통해 출산에서 벗어나야 한다는 급진적 주장을 한다. 여성의 생물학적 특성을 억압의 토대로 보기 때문에 생물학주의라고 불린다. 생물학적 여성의 해체가 정치적 목표가 된다.

ⓑ 문화주의

위에서 검토했던 케이트 밀렛은 심리·문화적 차원을 강조한다. 여성 종속의 근원보다는 종속을 재생산하는 기제 자체에 집중한다. 문화적 차원에서 여성성과 남성성의 발상이 완전히 문화적으로 소멸되어야 한다고 주장한다.

남녀 간의 사랑을 강조하는 이성애주의는 남성중심주의 가부장 제도와 깊이 관련되어 있다. 남성 위주의 성애와 사랑을 강조함으로써 여성을 종속시키고 지배한다. 이성애 관계를 평등하게 하는 것에서부터 이성애 자체를 거부하는 것에 이르기까지 다양한 이론과 주장이 전개 되고 있다. 동성애를 지지하고 제도적으로 보장·강화하고자 하는 전략은 결국 이성애가 정상이 아니라 문화권력인 가부장제를 실현하기 위한 허위의 권력놀음일 뿐이라는 것을 입증하고 자신들의 주장을 강화해 나가기 위한 것이다. 페미니즘을 신봉하는 자들은 기본적으로 동성애를 지지하고 이를 정치 투쟁에 활용하게 되는 이유가 성별을 문화적 산물로 보기 때문이다.

④ 사회주의 페미니즘

위에서 검토한 마르크스주의와 급진적 페미니즘이 결합한 것이다. 자본주의와 가부장주의가 어떻게 결합하여 성억압을 발생시키는가에 집중한다. 자본주의와 가부장적 가족의 해체가 목표이다.

⑤ 포스트모더니즘적 페미니즘

푸코와 들뢰즈 등의 영향으로 등장한 (위에서 검토한) 주디스 버틀러와 그 이론을 변형해서 등장한 페미니즘이다. 여성과 남성이라는 구분 틀 자체를 해체해야 한다고 주장한다. 소위 '젠더 이데올로기'가 포스트모더니즘적인 차원에서 구성된다.

2) 1960년대 이후 2기 페미니즘

페미니즘의 계보는 이론적으로 매우 복잡한 분화와 논쟁을 거치기 때문에 단순하게 정리하기 어렵다. 위에서 배경 사상에 따라 분류를 해보았는데 1960년대 이후 2기 페미니즘이라고 불리는 본격적인 논쟁 시기에 돌입하게 되면서 사회주의, 포스트모더니즘 등 당대의 철학들과 교류하면서 이론과 실천 양 면에서 급속도로 팽창하게 된다.

2기 페미니즘의 출현과 함께 등장한 '급진적 페미니즘'은 계급 문제의 해결로도 여성 문제에 대한 전반적인 해결은 어렵다고 판단한다. 계급과 성 문제를 다른 차원에서 조망하는 '성계급'이라는 용어를 사용하기 시작했다. 밀레트, 화이어스톤, 델피 등이 주요 인물이다. 막스 베버와 인류학자들에 의해 활용되어 온 '가부장제'라는 개념을 끌어와 이를 중심으로 여성 억압의 현상들을 분석한다.

2기 페미니즘은 가부장제를 남성의 통치뿐만 아니라 이성애 제국주의와 성차별주의를 포함하는 것으로 본다. 이성애를 사회가 문화적으로 강제하는 정치적 제도로 인식하고 남성다운 행동과 여성다운 행동에 대한 정의를 형성하기 위한 언어와 지식을 통해 강화되는 문화로 보는 문화주의 이론을 강화했다.

특히 이들은 가부장제를 남성 권력과 여성 예속을 유지하고 재창조하기 위해 남성이 만들어낸 구조와 제도들의 체계로 보면서 이에는 법, 종교, 가족과 같은 제도적 구조와 여성의 열등한 지위를 영속시키려는 이데올로기가 모두 포함된다고 보았다. 결국 이들은 가부장제 이데올로기를 해체하기 위해 스스로 이데올로기화 되는 과정을 거치게 된다. 이들은 가부장제와 자본주의의 관계에 대한 논쟁을 벌이면서 다양한 분파로 발전해 나간다.

가부장제와 자본주의에 대한 이중체계론은 가내 생산 양식에서의 생산과 재생산 활동의 여성 억압에 초점을 맞추어 설명하는 이론으로써, 가부장제와 자본주의는 상호 자율적인 각각의 착취 체계와 계급 체계를 가지고 있다고 주장한다. 이들은 가부장제를 가사노동, 임금노동, 국가, 남성폭력, 성 등을 포함하는 생산양식이라고 정의하거나 계급 관계와 동등하게 사회 성격을 결정하는 억압 체계로서 독립적인 기원과 물적 토대를 가지고 있다고 주장하기도 했다.

2기 페미니즘은 '정신분석과 여성 해방론'을 제시하기도 했다. 레비스트로스와 알튀세르의 이론을 통해 가부장적 문화의 특징을 설명하면서 가부장제를 토대로부터 자율성을 가지고 있는 이데올로기라고 정의한다. 그러나 이들은 점차 가부장제는 단순한 이데올로기로만 볼 수 없고 자본주의와 똑같은 정도의 중요성과 비중을 지닌 물적 체계라고 할 수는 없지만 경제, 정치, 사회, 문화 등의 물적 토대와 연관된 개념이라는 것을 인정하게 된다. 가부장제는 물적인 힘을 가지고 있지만 경제적 토대는 아니며 이데올로기를 포함한 상부 구조의 일종으로 볼 수 있다고 설명한다.

8. 슬라보예 지젝[19]

1) 근본주의적 좌파, 레닌의 부활

지젝은 유럽의 자유주의적 좌파와 사민주의자들이 혁명을 말하면서도 혁명을 위해 치러야 할 대가에 대해서는 눈을 감는다고 비판한다. 자신의 학문적 특권이 위협받지 않는 한도 내에서 마르크스주의를 옹호하거나 급진적 담론을 쏟아내는 '강단좌파'도 비판한다.

자본주의 사회에 존재하는 폭력으로 생태계 파괴, 인권 침해, 성차별, 동성애 혐오를 지목했다. 그는 이러한 폭력적 상황에서 좌파 지식인들이 급진적 내용을 비판적 논제로만 다루고 현실 정치에서 적극적으로 투쟁하지 않는 것을 비난하는 것이다. 지젝의 이론을 따를 경우, 동성애 혐오 세력인 교회를 향해 폭력을 사용하는 것도 주저해서는 안 된다. 한국의 좌파들은 이렇게 위험한 철학자를 자유주의에 비판적인 중도좌파 정도로 위장해서 지속적인 연대를 시도하고 있다. 서울의 모 사립대학에서는 그를 겸임교수로 임용하기도 했다.

그는 '레닌적 제스쳐'라는 개념을 주장했다. 자유 민주주의 체제가 다원성을 인정하고 공존을 모색하지만 레닌이 주장한 '진리의 정치'와 같은 근본주의 좌파는 자유 민주주의 체제와 양립할 수 없다는 것이다. 근본적 좌파의 목표는 '원칙 없는 관용적 다원주의'와 정반대의 입장이다.

프랑스 혁명에서 자코뱅이 급진적 테러에 의존한 것도 경제 질서의 근본적 기초를 흔들어 놓을 능력이 없다는 것을 방증하는 것이라고 설명한다. 현대 정치에서 온건한 유럽 좌파들이 '정치적 올바름'의 차원에서 인종 차별과 성차별의 문제를 제기하는 것도 모두 그 배경이 되는 경제적 원인 자체를 흔들어 놓는 투쟁에서 후퇴했다는 것을 보여주는 것이라고 한다. 결국 레닌처럼 "끝장을 보라"가 그의 구호이다. 교회는 동성혼 합법화나 좌파 정책을 위해 끝장을 보라고 가르치는 철학자의 위험성을 인식해야만 한다.

정치와 경제의 관계에서 정치적인 것에 초점을 맞추면 경제는 '재화의 공급'으로 격하되고, 경제에 초점을 맞추면 정치는 한갓 기술관료의 영역으로 축소된다. 지젝은 레닌처럼 문제의 핵심은 결국 경제지만 그 개입은 정치적이어야 한다는 주장을 내세운다. 단순히 세계화에 반대하는 것만으로는 부족하고, 자유 민주주의가 사실상 자본주의의 사적 소유에 근거하고 있다는 점을 밝혀 자유주의적 의회 민주주의 자체를 전복시켜야 한다는 것이다.

예를 들어, "대기업의 음모를 무너뜨리는 정직한 미국인의 민주주의에 대한 신뢰" 같은 가치가 영화 속에 등장하는 것은 사기극이다. 대기업의 음모를 박살내기 위해서는 미국의 자유 민주주의 체제가 전복되지 않으면 불가능하다. 진정한 마오주의자를 자처하는 알랭 바디우와 함께 지젝은 다원성을 존중하는 자유 민주주의 체제 내에서의 비판적 좌파가 아니라 레닌의 '진리의 정치'로 나갈 것을 주장하고 있다.

그는 마오쩌둥이 백만 명의 노동자들이 공산당의 슬로건에 따라 국가의 소멸과 공산당 자체의 소멸을 요구했을 때 인민에게 '반란의 권리'를 말하면서도 군대를 동원해 시위를 진압한 것을 일종의 혁명의 후퇴로 보고, 이러한 후퇴가 오늘날 중국이 자본주의의 공간이 되어버린 이유라고 설명한다. 폭력적 혁명의 목표는 국가 권력을 장악하는 것이 아니라 국가 권력을 변형시키고 그 기능 방식과 토대와의 관계 등을 근본적으로 바꾸는 것이라고 주장한 레닌의 가르침을 되새겨야 한다고 주장한다.

지젝은 헤겔철학을 근본 좌파의 입장에서 재해석하고, 라캉의 주체 논쟁을 여기에 접목시켜 근본적·급진적 좌파로서 혜성과 같이 유럽 지식계에 등장했다. 온건한 유럽 좌파들의 허위의식을 드러내고, 결국 레닌적 방법론으로 유럽과 세계의 자본주의를 전복시켜야 한다는 이론을 주창했다. 구체적으로 예를 들어 설명하면, 동성애 인권을 위한 인정 투쟁을 자유 민주주의 체제 내에서 온건하게 하는 것만으로는 부족하고 강단에서 학생들을 선동하고 급진적 성 정치를 대중에게 보급하는 것만으로는 안 된다. 이런 운동에서 더 나아가 동성애 혐오의 기반이 되는 체제 자체를 전복시키기 위한 투쟁에 나서라는 메시지인 것이다.

이렇게 위험한 사상을 교조적으로 떠받들고 지젝을 교주처럼 추앙하는 자들이 바로 한국의 좌파들이다. 지젝은 쌍용자동차 노조 투쟁에 지지 표명 등 한국의 노동·정치 문제에 직·간접적으로 참여하고 있다. 이제 구체적으로 프랑스와 독일, 일본의 상황을 살펴보면서 논의를 진행해 보도록 하자.

III. 프랑스의 자살과 민주주의의 위기[20]

1. 68의 실현으로 시작된 프랑스의 자살

2015년 1월 파리의 언론사 샤를리 엡도에 대한 무슬림들의 테러 이후, 유럽에서 테러를 비판하는 시위나 주장들이 봇물처럼 터져 나왔다. 비판과 분노의 대상은 단지 테러리즘에 국한되지 않았다. 점차 이민 정책과 소수자의 인권을 둘러싼 문제들에 대한 우파적 논평이 대중의 지지를 받기 시작했다. 급기야 프랑스라는 공화국의 정체성에 대해 우파적 관점에서 심각하게 고민하는 논조들이 더욱 부상하기에 이르렀다.

독일에서는 2차 대전 이후 금기시되어 왔던 특정 종교와 특정 인종에 대한 반감을 노골적으로 드러내는 반이슬람주의·반이민 운동

조직이 확산되고 있다. 런던에서 이슬람 테러를 경험했고 영국 출신의 무슬림 IS 대원들이 확인되면서, 영국에서도 관대한 이슬람 이민 정책으로 영국이 위험에 빠지게 되었다는 주장들이 대중의 지지를 얻고 있다. 한마디로 요즘 유럽이 심상치 않다.

유럽의 상황과 대조해 볼 때, 샤를리 엡도 테러 사건을 대하는 한국 사회의 반응은 매우 흥미롭다. 한국의 진보 언론은 샤를리 엡도를 겨냥해 "강자가 약자를 조롱하는 것은 표현의 자유가 될 수 없다"라는 제목의 기사를 통해, 독해하기에 따라서는 샤를리 엡도의 표현이 지나쳤기 때문에 테러는 "인과응보"라는 비판을 내놓기도 하고, 지나친 표현이나 바르지 못한 표현은 '표현의 자유'로 보호받을 수 없다는 논평을 하기도 했다.[21] 이슬람 근본주의 테러리즘의 책임을 무례한 프랑스 언론과 프랑스 사회에 돌리는 것도 표현의 자유이지만, 진보 언론에 등장한 일부 주장들은 '표현의 자유'가 법적 개념이라는 사실을 간과하고, 마치 도덕적 개념인 양 다루고 있다는 문제점을 지니고 있었다.

샤를리 엡도라는 언론사가 어떤 내용의 만평을 할 것인지 스스로 결정하고, 이를 표현할 때 법적인 금지나 제재가 가해지지 않고 자유롭게 표현할 수 있는 법적 권리가 이 사안에서의 '표현의 자유'의 문제, 즉 법이 정한 표현 자유의 한계와 표현으로 인한 법익 침해와의 이익 교량의 문제인 것이다. 당해 표현이 얼마나 올바르고 도덕적으로 타당한가를 묻는 것은 법적인 차원에서는 논점을 벗어난 문제라고 할 수 있다.

주로 강력하게 (표현의 자유의 한계를 최소화하는 방향으로) '표현의 자유'를 주장하던 소위 한국의 진보 진영이 예의바른 표현과

도덕적인 표현을 요구하고 있는 것을 보면, 한국의 법적·정치적 상황이 급변했음을 방증해 준다고 하겠다. 이 달라짐이 '에릭 제무르'의 책을 통해 한국 사회를 성찰해야 할 필요성을 더욱 절감하게 해 준다. '표현의 자유'를 둘러싼 논의들은 한국에서도 중요한 법적·사회적·정치적 쟁점이 되고 있기 때문에 프랑스 상황에 견주어 뒤에 자세히 논의하도록 하겠다.

이러한 논평이나 분석에 그치지 않고, 좌파임을 자청하는 지식인이 파리로 날아가 자칭 마오이스트 알랭 바디우를 인터뷰하고, 이 상황에서 한국의 좌파가 어떻게 처신해야 할지 가르침을 받았다.[22] 또한 샤를리 엡도 사건 이후 이에 대한 문제의식을 담은 슬라보예 지젝의 저서[23]가 순식간에 번역·출판되었고, 이 책을 놓고 이택광과 장정일 사이에 지상논쟁이 벌어졌다.[24] 그저 사실 관계를 알리는 보도로 더 이상 관심을 보이지 않았던 보수 언론과 다르게 유독 진보 언론들이 이 문제에 집요하게 매달리는 이유도 흥미롭다. 이 논쟁의 내용은 본고의 논의의 맥락상 톺아봐야 할 것이 있으므로 뒤에 상세히 논하도록 하겠다.

마치 유럽에는 좌파 지식인만 존재하고 모든 파리 시민이 좌파적으로 사고하며 살고 있을 것처럼 착각을 일으키게 하는 이러한 한국 사회의 지적 편식 현상은 공부하지 않는 (출판과 동시에 번역되어 등장하는 촘스키나 지젝 등의 책들과 비교했을 때, 우파적 사고를 담은 책의 번역·출판을 한국에서 찾아보기 어렵다) 한국 우파의 특성과 유럽의 좌파에 지적으로 종속적인 한국 좌파 지식계의 현실을 여실하게 보여 주고 있다고 생각한다.

한국의 좌파 언론과 지식인들의 열망과 달리 파리의 상황은 한국과 매우 다르다고 할 수 있다. 차별 금지법제로 상징되는 이민자에 대한 관용과 성 정치·성 혁명으로 성소수자 인권 문제에 관대했던 68혁명 이후의 프랑스를 "프랑스의 자살"이라고 표현하고, 이 '68체제'[25]를 근본적으로 문제 삼고 있는 책에 파리 시민들이 열광하고 있다.

저자인 에릭 제무르 본인이 이민자 가정 출신임에도 불구하고 관대한 이민 정책을 강력하게 비판하는 이 책의 인기는 쉽게 식지 않을 것 같다. 68혁명 이후 프랑스적 가치들을 포기함으로써 프랑스가 스스로 죽음에 이르렀다는 강력한 메시지를 담고 있는 이 책은 잃어버리고 파괴된 '프랑스적 가치를 되살리자'라는 해법을 암시적으로 표현하고 있다. 5백 페이지가 넘는 양적 부담스러움에도 불구하고 파리의 교양인이라면 모두 이 책을 읽었다고 해도 과언이 아니라고 할 수 있다.[26]

프랑스에서의 엄청난 인기를 무색하게 할 정도로 한국에서는 보수 언론의 파리 특파원이 작성한 짧은 소개 기사[27] 외에 이 책에 대한 언급을 찾아보기 어려웠다. 이 책에 등장하는 논조들이 현재 프랑스 유권자들의 폭넓은 지지를 받고 있고, 이러한 현상은 극우정당 국민 전선의 부상 등의 정치적·사회적 결과를 내놓고 있다고 볼 여지가 충분하다.

나폴레옹으로 상징되는 강한 프랑스에 대한 동경, 그리고 기독교 가톨릭와 가부장적 권위가 중심에 있었던 드골로 대표되는 프랑스적 가치에 대한 향수를 언론인다운 필력으로 자극하고 있는 이 책은 보수 정당과 보수화된 프랑스가 소수자와 이민자 관련 정책과 법제를 향후 어떻게 다루게 될 것인지 가늠해 볼 수 있는 풍향계가 되기에 충분하다고 생각한다. 성소수자 인권 문제와 표현의 자유 등 68 전·후의 프랑스 사회와 유사한 논제들로 본격적으로 논쟁하기 시작한 한국 사회에서 참고할 내용도 많다. 이제 프랑스 부르주아들에게 68년 이후 금기가 되었던 주장들을 파격적으로 풀어내는 제무르의 논의들을 상세하게 검토해 보도록 하자.

2. 68혁명으로 파괴된 프랑스적 가치

1) 플레벵(Pleven)법과 표현의 자유의 종말

1972년 법무부 장관인 흐네 플레벵René Pleven은 "형사사법의 영역에서 차별에 관해 이렇게 포괄적인 내용이 들어 있는 법은 전 세계에서 처음일 것이다"라고 자평했던 차별 금지관련 입법을 추진했다. 이 법은 사회주의자 흐네 샤젤René Chazelle이 기획했지만, 플레벵이 입법을 주도해서 그의 이름으로 불려지게 되었다.

제무르에 따르면, 이 법이 시행되면서 이슬람, 이민자, 성소수자 등에 대한 거의 모든 부정적 표현을 하는 것이 위축되기에 이르렀고, 이로 인해 프랑스적 가치가 파괴되는 것을 모두가 불구경하듯이 지켜보게 된 것이라고 주장하고 있다. 먼저 그의 주장을 요약해 보면 다음과 같다.

> 1972년 법은 인종, 국적, 외모 관련으로 받는 차별을 금지하는 데 있어, 혐오·폭력·모욕·중상·비방 등을 추가한 것이다. 입법의 순수한 의도에도 불구하고, 이 법은 퇴보하는 것이었다. 객관성이 있

어야 할 곳에 주관성을 허용해 버린 것이다. 왜냐하면 이 법안은 행위를 처벌하는 것이 아니라 의도를 처벌하기 때문이다. 법은 판사에게 사람들의 마음과 영혼, 그리고 생각과 생각 저변을 관찰할 의무와 권리를 주었다. 이 법은 결과적으로 법관에게 "형법의 엄정한 해석"이라는 원칙을 위반하게 만들었다. (중략) 인종 차별주의는 일종의 외국인 혐오주의인데, 외국인 혐오주의에 대한 거부는 더욱 유해한 결과를 가져왔다. 집주인은 프랑스인들에게만 세를 주면 처벌받게 된다. 고용주도 마찬가지다. 이와 같은 프랑스인과 외국인 사이의 차별 금지는 모든 국가적인 이익을 금지시키는 결과를 만들었다. 나라 안과 밖의 모든 분리(프랑스와 프랑스가 아닌 것의 분리)를 못하게 했다. 프랑스인에게 외국인보다 같은 프랑스인들을 선호하는 것을 금지시켰다. 〈플레뱅법〉은 당시에는 아무도 의식하지 않았지만, 지구 안에서 프랑스를 프로그램화하는 것을 흐려놓았다(프랑스의 정체성을 상실하게 했다).[28] (중략) 플레뱅법 시행 이후부터 이민자·이슬람·동성애·노예제의 역사·나치에 의한 유대인 학살 등에 관한 새로운 개념 해석이 생겨나게 되었고, 프랑스에 의해 수난 받고 차별받았다고 생각(주장)하는 소수자들을 만족시키는 것을 강화시켰다. 플레뱅법의 이익을 본 이래로 반인종 차별 협회들은 정부의 도그마 위에 세워진 새로운 도덕을 보호하는 군주와 같은 권력을 갖게 되었다. 이 법은 불평하는 자들과 (68혁명 체제에 대한) 반체제 인사들을 입 다물게 했다. 절대 군주는 사라졌으나, 주인이 새롭게 바뀐 것에 불과하다. 새 주인의 폭군적인 면이 덜하지 않다. 언론과 출판은 프랑스에서 더 이상 자유롭지 못하다.[29]

"모든 금지하는 것을 금지한다"라는 표어로 유명한 68혁명의 여파가 법으로 자신들 혁명 세력의 주장이나 노선을 비판하는 것을 완전히 금지시켰다는 주장이다. 68의 성 혁명이나 성 정치를 통한 성 문화의 타락과 일탈, 히피 문화의 번성으로 마약과 약물의 범람 등 기존의 도덕적 금기를 파괴하는 문화적 파괴력으로 "금지"를 "금지"한다는 정신은 법에 의한 표현의 자유의 위축을 통해 자신들의 주장과 행동을 비판하거나 문제 삼는 것을 효과적으로 금지했다.

제무르는 68혁명에 스며든 히피 문화에 반감을 가지고 있는데 샌프란시스코에서 온 혁명이라고 표현한 것은 히피 문화를 겨냥한 것이다.[30] 미국 문화 전문가인 크리스티안은 히피 문화를 다음과 같이 설명한다. 히피들은 반전과 평화주의, 기존 질서와 가치에 대한 반감, 쾌락주의와 신비주의에 몸을 맡겼다. 환각물질 체험을 통한 의식의 해방, 집단 거주와 프리섹스, 동성애 및 페미니즘 옹호를 통한 성 해방, 록 음악과 축제적 삶의 지향 등을 꿈꾼 히피들의 생활 혁명의 영역은 넓었다. 그러나 결국 히피즘은 실패했고 히피들은 기존 사회의 품으로 돌아갔다. 하지만 성소수자 옹호, 반전반핵, 페미니즘과 동성애 운동 등의 수많은 해방의 아이디어가 히피들의 시대에 의해 모습을 갖추었다고 해도 과언이 아니다.[31] 크리스티안은 이슬람을 미화하는 활동에도 적극적인데 이슬람이 지배하는 세계에서 히피가 살아남을 수 있을지 의문이다. 이슬람과 히피의 연대가 역설적으로 가능한 정치 현실이 반미·반기독교의 정치 동맹의 실체를 이해할 수 있게 해준다.

보수적 인사들은 법에 의해 이러한 히피 문화에 대한 반감을 가지고도 표현을 자제하고, 도덕적 비판을 언론 등을 통해 자유롭게 하지 못한 채, 그저 "혀만 차고" 있다가 프랑스가 죽는 걸 목도하게 되었다는 주장이다. 플레벵이 밝히고 있는 것처럼, '법의 역사'에서 '차별 금지'에 관해서는 프랑스가 선도적이었다는 사실을 결코 부정할 수 없다.[32]

제무르가 문제 삼은 "표현의 자유"에 관한 진영 논리의 문제는 한국 사회에서도 본격적으로 등장하기 시작했다. 한 진보적 신문에 기고된 칼럼은 한국 사회도 '플레벵법'을 둘러싼 프랑스의 논쟁과 유사한 '표현의 자유' 논쟁이 본격화되고 있음을 가감 없이 보여 준다.

> 진보는 전통적으로 명백·현존 위험의 법칙, 사상의 자유 시장론, 내용규제 금지 원칙 등을 표현의 자유를 옹호하는 핵심 원칙으로 제시해 왔다. '표현'이 물리적 해악을 야기하지 않는 한 규제 대상이 아니며, 설사 그 표현이 옳지 않더라도 자율적으로 해결되어야 한다는 입장이었다. 하지만 어느덧 진보 진영에서도 어떤 표현에 대해서는 규제가 필요하다는 주장이 제기되기 시작했다. 일베(일간베스트저장소)를 중심으로 여성, 외국인, 호남에 대한 혐오가 극단적으로 확대된 것이 중요한 계기였다. 진보 진영은 더 이상 이러한 표현을 '자유'의 영역에 두어야 한다고 생각하지 않는다. 실제로 현재 명예훼손죄나 모욕죄 등 기존 법률을 활용해 소송을 불사하기도 하고, 효과적인 규제를 가능하게 하는 새로운 법률을 제안하기도 한다. (중략) 표현의 자유에 대한 전통적인 전선은 무너졌다. '표현의 자유'가 진보를 상징하고, '표현의 자유에 대한 규제'가 보수를 상징하는 시대가 끝난 것이다.[33]

박경신의 주장도 위의 칼럼과 대동소이하다.[34] 이들은 주로 강자에게 유리한 '표현의 자유 시장'을 문제 삼는다. 특히 박경신은 '표현의 자유 시장'이 설정한 규칙이 지나친 욕설 등을 퇴출시켜 표현의 자유를 위축시킬 것을 염려할 정도로 광범위한 자유의 보장을 역설하고 있다. 반면에 기존의 (강자를 위한) 모욕죄를 폐지하고 소수자의 정체성을 매개로 소수자를 모욕하는 것을 규제하는 혐오죄를 신설하여 소수자를 향한 혐오 표현을 처벌하자고 주장한다.[35]

문제는 '소수자', '약자'라고 주장하는 사람들이 특별히 '혐오죄'로 보호해야 할 (표현의 자유를 억제하는 것에 대한 규범적 정당화 근거로서의) '소수자'이고 '약자'인가를 누가·어떻게·무엇을 기준으로 정하느냐는 것이다. 2006년 국가인권위원회가 '징벌적 손해 배상'을 명시한 차별 금지법의 입법을 시도했던 것 등을 고려했을 때 이 문제는 이미 한국에서 매우 중요한 의제가 되었다.

유럽과 북미에 대한 한국의 지적 종속관계를 고려했을 때 한국의 역사·문화적 배경과 무관하게 유럽의 법제들을 그대로 수입할 위험성이 매우 높다고 진단할 수 있다. 유럽에서 소수자로 정해진 존재가 한국에서도 (유럽이 그렇게 정하고 있기 때문에) 당연히 소수자가 되는 구조가 충분히 가능한 것이다. 유럽 역사에서 있었던 동성애자에 대한 공개처형 등의 역사적 탄압, 나치의 존재 등 '혐오죄'를 신설하기 위해 고려해야 하는 역사·문화적 배경과 조건들은 매우 중요하다고 할 수 있다. 표현의 자유가 보장하는 보편적 가치를 합리적으로 지켜내면서도 명백하고 현존하는 '위험'으로부터 진영 논리와 같은 주관적·자의적 해석을 배제하고 객관적으로 권리 주체를 보호할 수 있느냐는 매우 중요한 문제이다.

이 지점에서 톺아봐야 할 문제가 있다. 국내 언론이 샤를리 엡도에 대해 '인과응보'라는 뉘앙스를 담고, "테러범을 키운 것은 프랑스 자신이다"라는 자극적인 기사로 테러 피해자의 유족이나 파리 시민들에게 상처가 될 수 있는 기사를 등장시킨 것은 어떻게 평가될 수 있는가? 프랑스는 강자이고, 샤를리 엡도를 지지하고 이슬람 테러를 비난하는 파리 시민은 소수자가 아니므로 아무런 문제가 없는 것일까? 샤를리 엡도가 지나쳤고 이슬람에 대한 금도를 지켰어야 한다고 주장하는 자신들의 도덕적 논거를 자신들의 주장과 기사에 적용해 보면 어떨까? 이 기사에 따르면, 신자유주의가 모든 악의 근원이고 이민자에게 관대하지 못한 프랑스가 테러의 원인이라는 주장을 하고 있다.[36] 물론 한국 신문을 읽고 상처받을 파리 시민은 없겠지만, '표현의 자유'를 둘러싼 논쟁의 현재적 의미를 새삼 각성시켜 주는 내용들이라고 할 수 있다.

또한 이미 살펴본 바와 같이, 차별 금지법제가 지구상 어떤 나라보다 잘 갖추어져 있고, 동시에 EU 인권시스템의 보호를 받을 수 있는 프랑스가 이민자들에게 (관대한가 여부는 제도와 정책의 차원에서 평가되어야 한다) 관대하지 못한 나라라서 무슬림들이 테러를 할 수밖에 없었다고 주장하는 것을 과연 납득할 수 있는가?

법이 관여할 수 없는 일상생활에서 이웃의 태도나 사고방식까지 관여해서 이슬람 문화에 친근한 자세를 유지할 수 있도록 국가가 무슬림이 아닌 모든 국민을 강제로 교육이라도 시켜야 한다는 것일까? 완벽한 제도와 법, 그리고 그것을 유지하는 문화적·도덕적 이상 국가가 현실적으로 존재하고 존재할 수 있는가? 완벽하지 못하면 테러를 할 수밖에 없다는 것인가? 어떤 사회이든 이방인은 외로움과 소외감을 어느 정도 느끼는 존재가 아닌가? 그렇다면, 이슬람 국가들은 비이슬람 이민자에게 얼마나 관대한가? 그렇게 관대하지 못한 프랑스에 왜 그렇게 많은 무슬림이 이민을 갔고, 가고 싶어 하는가? 이 책을 통해 많은 의문이 떠오르는 것을 억누르기 어렵다.

영국의 언론인 멜라니 필립스는 무슬림들이 소외당하고 타자화되어 (사실, 런던 테러의 범인들은 영국이 주는 여러 가지 복지혜택을 누리던 사람들이었다.) 런던에서 테러를 자행한 것(세금으로 자신들을 부양하던 성실한 납세자인 동료 시민들을 출근길에 살해했다.)이라고 주장하는 자들에 대해, 역사적으로 식민 지배와 차별을 더 실제적으로 겪었던 인도계나 양적으로 더 소수집단인 중국계 이민자들은 "왜 테러를 하지 않는가?"라고 묻고 있다.[37] 이슬람 근본주의 테러리즘에 대한 정확하고 냉정한 인식이 필요한 것이다. 이 문제는 뒤에서 좀 더 상세히 다루도록 하겠다.

만일 멜라니 필립스의 책이 '이슬람 테러리즘'이란 표현 때문에 소수자인 무슬림을 혐오하는 표현에 해당되어 출판이 금지된다면, "표현의 자유"의 보편적 가치를 옹호하는 입장에서 과연 이를 용인할 수 있겠는가에 대해 심각하게 고민해야 하는 상황이다. 이제 제무르가 파괴되었다고 주장하는 프랑스적 가치의 내용은 무엇인지 살펴보도록 하자.

2) 국부와 가장의 죽음, 그리고 이슬람 문제

① 가부장적 권위와 가정의 파괴

이 책은 마치 역사책처럼 역사적인 사건의 연도와 날짜를 목차로 삼아 논의를 전개하는 독특한 형식을 취하고 있다. 1970년 드골의 장례식으로 시작하는 책의 구성 전략은 독자에게 "프랑스적인 것의 죽음", "프랑스적 가치의 죽음"이라는 강렬한 메시지를 전달해 준다. 그렇다면 제무르가 내세우는 국부 드골로 상징되는 프랑스적 가치는 무엇인가? 1968년 6월 한나 아렌트는 칼 야스퍼스에게 "우리가 1848년에서 배우듯 21세기의 아이들은 1968년에서 배울 것입니다"라고 편지를 썼다고 한다.[38] 아렌트의 예언처럼 제무르는 아렌트의 주장과 다른 의미에서 1968년에서 배우고 있었다. 서론에 나타난 제무르의 주장을 먼저 검토해 보자.

> 프랑스는 유럽의 환자다. 경제학자들은 경쟁력이 떨어지고 있다고 보고 있고, 수필가들은 이 같은 약화에 대해 이야기하고 있고, 외교관들과 군인들은 전력의 실추를 침묵으로 불평하고 있다. 심리학자들은 염세주의를 알리고 있다. 부드러운 프랑스는 쓴 프랑스가 되어 가고 있다. 프랑스인들은 더 이상 프랑스를 인정하지 못한다. 자유는 무질서해지고 평등은 (부정적인 의미에서 하향평준화된) 평등주의가 되고, 박애는 모든 이들에게 대항한 전쟁이 되었다. 공화국의 대통령이 지배를 하고 있지만 권위가 없다. 정치인들은 말한다. 하지만 듣지 않는다. 교회를 만들었는데 더 이상 가지 않는다. 가정을 이루었는데 이혼을 한다. 프랑스를 만들었는데 더 이상 프랑스인 같지가 않다. 어쩌다가 여기까지 왔을까? 혁명에 대한 무절제한 우리의 열정이 스스로를 눈멀게 하고 타락시켰다. 혁명 전 드골은 나라의 아버지, 국부였다. 그런데 지금 드골은 "아니오(NON)"라고 말했던 사람으로 알려져 있다. 우리 시대의 공동

의 상상(사유) 속에 68혁명을 기점으로 이전과 이후가 있다. 마치 미슐레에게 1789년 이전과 이후가 있듯이, 교회에 예수 이전과 이후가 있듯이 말이다. 교회로 가톨릭인이든 공산주의자들이든 상관없이 끌어들였다. 이후 프랑스는 온갖 색깔들을 갖게 되었다. 유럽과 세계에 문을 연다. 선조들의 고리로부터 해방되어서는 쾌락과 평등주의, 무례한, 모든 소수자들의 프랑스가 되었다. 소수자가 모든 대장들에 의해 칭송된 새로운 태양의 왕이 되었다. (중략)

만약 역사가 승리한 자가 남기는 이야기라면, 68혁명에서 누가 이겼는지 알 것이다. 68년에 분노한 이들은 제5공화국을 전복시키지 못했다. 정부는 살아남을 수 있었지만 사회는 살아남지 못했다. 정부와 사회, 그리고 민중의 근본적인 분열을 아무도 간파하지 못했다. 이는 정신분열증이다. 혼돈의 역사다. 자유주의자들과 페미니스트들은 당시 많은 이들이 재미삼아 보고 있는 가운데 내무부를 파괴한다. 혁명적인 여성들은 서양 가부장제의 최후의 상징에 저항했는데 이는 공산주의 혁명을 연상케 했다. "금지된 것을 금지한다." 아버지와 모든 권위의 죽음을 알리는 것이다. 68혁명의 3막극은 조롱, 해체, 파괴, 즉 가정, 나라, 일, 정부, 학교라는 전통의 근간이 되는 것의 전복이었다.

쟝프랑소아 르벨Jean-François Revel은 그의 저서 『Ni Marx ni Jésus, 마르크스도 예수도 아닌』에서 "혁명은 모스크바, 북경, 파리에서 온 것이 아니라, 샌프란시스코에서 왔다"고 했다. 그는 개인 혁명이 있었던 우드스톡Woodstock에 살았다. 거기에는 흑인, 여성, 동성애자들과 소수자들의 혁명이 일어났던 곳이다. 1960년대 미국 대학에서 일어난 이 운동은 68혁명과 연관이 있다. 이 두 혁명은

전통과 가부장제 사회를 쓸어내고자 했다. 이젠 해체자들을 해체시켜야 될 시기이다.[39]

제무르의 주장이 집약되어 있는 서론을 요약하여 소개하는 이유는 서론에서 피력한 주장들을 골격으로 하여 각 주장에 해당하는 논거를 역사적 사건을 통해 자세히 밝히는 형식으로 이 책을 집필했기 때문이다.

파괴된 프랑스적 가치의 내용은 본문에 제시된 사건을 중심으로 정리하면 다음과 같다. ① 드골로 상징되는 시대의 교회의 권위와 가부장적 권위가 페미니스트들과 자유주의자들의 연합으로 파괴되었다(1970년 11월 9일 국부의 죽음,[40] 1970년 6월 4일 가장의 죽음,[41] 1973년 7월 아주 좋은 이혼).[42] ② 동성애의 창궐과 페미니즘 등으로 전통적인 가정이 파괴되었다. 가정 안의 성역할이 파괴된 것을 통탄한다(1972년 11월 16일 68혁명 이후 처음으로 동성애에 관한 노래가 나온 날.[43] 1985년 9월 게이들이 떠오른다,[44] 1980년 11월 1일 나의 아들 나의 투쟁).[45] 자본주의 체제의 성의 상품화를 비난하면서도 여성의 상품화를 막아 낸 것이 아니라, 페미니즘과 동성애로 상징되는 상품을 통해 남성과 여성 모두를 상품화시켰다. 동성애자들은 70년대에 숨어 있다가 80년대에 에이즈 치료와 사회적 연대를 위해 사회 전면에 등장하기 시작했다. ③ 관대한 이민 정책으로 프랑스가 이슬람화 되었다(1979년 1월 16일 모든 혁명은 그 자체로 좋다.[46] 1986년 12월 6일 어디에서 태어나,[47] 2005년 10월 27일 세 젊은 이의 프랑스).[48]

결국 교회와 가부장적 권위가 페미니즘과 급진적 자유주의에 의해 파괴되었고, 이 과정에서 이혼과 동성애의 창궐로 가정이 파괴되었으며 이슬람화의 진행으로 프랑스의 문화와 정신 등이 파괴되었다는 주장이다. 미국의 네오콘 사상가로 알려진 앨런 블름의 "미국 정신의 종말"과도 그 주장이 상통한다.[49] 앨런 블름은 미국 고등교육이 가치·도덕상대주의를 가르쳐 미국적 가치인 가정, 도덕, 종교적 가르침의 전통이 파괴되었다고 주장했다.

② 사회적 갈등과 이슬람 문제

제무르는 2005년의 아랍-아프리카계의 폭동 사건을 통해 세 가지 부류의 젊은이가 프랑스에 존재한다고 말한다. 먼저 이 사건에 대해 살펴보고 논의를 전개해 보도록 하자.

파리 북쪽 외곽 지역인 클리시수부와에서 제이드와 부마라는 청소년들이 경찰을 보자 느닷없이 도망가서는 변전소 안으로 숨는 와중에 감전이 되어 사망하게 된다. 바로 그 지역은 분노와 욕설이 난무하는 가운데 자동차들이 불탔고, 화염병이 날아들고 건물 높은 곳에서 세탁기가 던져지는 등, 3주 가까이 폭동이 일어났다. 당시 프랑스 대부분의 외곽 지역에서 분노와 함께 폭력을 보였다. TV 방송의 이미지들은 폭력적인 양상을 모방하는 데 사용되었다. 조직도, 대표도, 지켜야 할 원칙도, 요구도, 이데올로기나 정당도 아무것도 없었다. 단지 파괴하고 싸우는 기쁨만이 있었을 뿐이다. 매일 밤 뉴스에서 전하는 영상은 프랑스 국민들과 전 세계의 언론들을 충격에 빠뜨렸다. 다른 프랑스인들은 생업에 종사했으며, 폭동가담자들을 향해 어떠한 지지나 연대를 하지 않았다. 단지 극좌파들과 몇몇 언론에 나오기 좋아하는 예술가들이 동정적인 지지를 나타냈다. (중략) 10월 31일 클리시에 있는 이슬람 사원 앞에 최루탄이 떨어졌다. 이는 폭동자들을 더욱 자극했으며 프랑스 경찰은 그들을 진압했다. (중략) 2013년 파리 외곽 지역인 트랍(Trappes)에서 이미 법으로 금지된 니캅을 쓴 여인을 경찰이 처벌하려고 조사할 때, 그녀의 남편이 경찰을 공격했다. 그날 젊은이들은 모여서 흥분했다. 그들은 이슬람 사원에서 라마단 기도회를 마친 뒤 경찰서로 가서 그들의 형제를 풀어 달라고 요구했다. 니캅 쓴 여인과 남편은 이슬람으로 개종한 이들이었다. 프랑스 외곽 지역이 민족과 종교로 하나가 되면서 백인 서민층들은 거의 사라졌다. 프랑스 외곽 지역의 이슬람화는 완벽했다. 그 지역에서 이룬 동화와 통합으로 인해 주민들은 무슬림이 되어야만 했다. 점점 더 이슬람 사원이 젊은이들을 연합시키고 모았다. 트랍의 니캅 사건 1년 뒤, 강하게 뿌리내린 무슬림들은 수백 명의 프랑스 젊은이들을 "지하드"를 위해 시리아에 가서 싸우라고 보냈다.[50]

이 폭동에 대해 분석하면서 피용법Fillon: 프랑소와 피용의 이름을 붙인 법, 즉 '대학 개혁 법안'에 반대한 시위와 '최초고용계약법'[51]에 반대한 세력이 폭동과 어떤 연관 관계가 있다고 보는 전문가도 있었지만, 제무르는 이러한 측면을 완전히 부정하지 않으면서도 다른 차원의 사회적 갈등을 설명한다. '피용법'에 반대한 이들은 주로 소부르주아 여성들이었고, 빌뱅 총리가 저학력 젊은이들의 실업 문제 해결을 위해 추진한 '최초고용계약법'에 반대하는 이들은 아랍-아프리카계가 아니라 오히려 학위를 가진 이들이었다. 파리 외곽 지역의 젊은이들은 피용법에 반대한 이들에게 분노를 가졌지만, '최초고용계약법'에는 관심이 없었다.

제무르에 따르면, 프랑스에는 세 가지 부류의 젊은이들이 존재한다. 외곽 지역에 사는 폭동을 일으킨 아랍-아프리카계(주로 무슬림이고 이들 중 일부는 지하드를 위해 시리아로 떠났다), 학위를 가진 소부르주아, 그리고 서민 가정의 프롤레타리아 젊은이들이다. 서민층 젊은이들은 아랍인들과 엘리트들에 대한 증오를 감추고, "우리는 우리 집나라에 있다"라고 외치면서 극우 정당 유권자들이 된다고 한다.

사회·경제·문화적 차원에서 프랑스의 젊은이들은 복합적인 갈등 관계를 갖고 있다. 이 중에서 제무르가 지목하는 중요한 문제가 바로 이슬람이다. 외곽 지역을 중심으로 완전히 이슬람화 되어 버린 프랑스를 우려하고 있다.

위에서 언급한 영국의 언론인 멜라니 필립스도 런던과 영국의 이슬람화를 우려하고 있다. 이 우려의 본질은 바로 테러리즘이다. 제무르의 책은 샤를리 엡도 테러 전에 출판되었지만 샤를리 엡도에 대한 무슬림 테러 이후 본격적으로 인기를 끌게 된 것은 우연이 아니다.

멜라니 필립스의 지적처럼, 제무르도 포르투갈이나 중국, 프랑스의 식민지였던 인도차이나계 이민자 자녀들은 아랍-아프리카계 무슬림들의 폭동에 가담하지 않았던 점을 지적한다. 이택광과 알랭 바디우의 주장처럼, 이슬람 테러가 이민자들에게 관대하지 못한 프랑스의 책임이라면 무슬림이 아닌 다른 이민자들은 왜 테러나 폭동에 잘 가담하지 않는지 그 이유를 설명하기 어렵다.

샤를리 엡도가 지나쳤기 때문에 테러는 인과응보라는 식의 입장을 내놓은 한국의 좌파 지식인들의 바람과 다르게, 오히려 그들의 스승격인 슬라보예 지젝이 적절한 설명을 내놓고 있다.[52] 지젝은 롤렉스 시계를 찬 이슬람 테러 지도자의 이미지를 언급하면서, 서방의 근대화에 부러운 열등생이 된 이슬람 근본주의자들의 문제점을 신랄하게 비판하고 있다. 그는 다음과 같이 말한다. "샤를리 엡도를 공격한 형제들은 미군이 이라크에 주둔한 것이 너무나 끔찍해서 놀랐다고 한다. (맞다. 하지만 그 형제들은 프랑스 풍자 잡지 대신 미군의 군사 시설을 공격할 수 있었다. 왜 그렇게 하지 않았나?) 이슬람인은 사실상 서구에서 가장 착취당하고 대접받지 못한 소수라고 한다. (맞다. 그러나 아프리카계 흑인은 훨씬 더 심하다. 그러나 그들은 살인을 하거나 폭탄을 던지지 않는다.)"[53] 그는 오히려 테러를 일삼는 무슬림들은 유사 근본주의자들로 심지어 서구인이 부러운 불신자의 삶을 살고 싶은 유혹에 시달리는 자들이라고 비난했다.[54]

누구나 (저자의 주장을 오해하지 않는 범위 내에서) 자신만의 독법이 있겠지만, 장정일을 (장정일이 지젝을 제대로 이해하지 못했다는 의미에서) "지젝을 물구나무 세웠다"라고 비판한 이택광의 주장은 문제가 있어 보인다. 이택광의 주장은 다음과 같다. 지젝의 목적은 문명이라는 가면에 가려져 있는 자유주의의 한계를 까발리고, 이슬람 근본주의를 만들어 낸 원인이 바로 자유 민주주의 체제라는 사실을 논증하는 것이다. "지젝이 굳이 괄호까지 쳐서 무엇인가를 가르쳐 주고자 했다면 그 대상은 파리 집회에 도여서 〈나는 샤를리다〉를 외쳤던 이들이다."[55]

이택광의 주장처럼, 지젝의 저술 목적이 "나는 샤를리다!"를 외치는 파리 시민을 가르치기 위함이라고 하더라도 (이택광의 주장이 모두 옳다고 가정해도) 지젝의 이슬람 근본주의에 대한 비판은 상쇄되지 않는다. 지젝은 분명히 이슬람 근본주의 테러리즘을 비판했다. 지젝의 진단처럼 이슬람 근본주의가 서구 자유주의에 대해 이슬람 세력이 파시즘적으로 대항해 탄생한 것이 사실이라고 해도, 이슬람 근본주의와 테러리즘 자체에 대한 비판의 내용이 달라지는 것은 아니다. 그 발생의 원인이 무엇이든 이슬람 근본주의가 보여 주고 있는 테러리즘은 비판의 대상이 될 수밖에 없고, 지젝도 이를 적절하게 지적하고 있다.

이미 위에서 언급한 것처럼, 이택광과 그의 주장에 동조하는 이들은 알랭 바디우와의 인터뷰[56]를 통해 "테러범을 키운 것은 프랑스 자신이다"라고 말한다. 이러한 주장 속에는 이슬람 테러범을 향한 비합리적 온정과 도착적 논변의 위험성이 내재해 있다.

이 내용도 이미 위에서 언급한 것이지만 강조를 위해 한번 더 언급한다. "표현의 자유인가, 가진 자의 조롱인가"라는 기사[57]에서 이택광이 밝히고 있는 것처럼, 너무 자주 등장해서 다소 상투적인 수식이 되어 버린 표현, 즉 "물론 폭력적 테러에 대해서는 비판적 입장이지만"이라는 전제를 앞세운 뒤, "샤를리 엡도의 과도한 신성 모독이 화를 부른 것"이라는 주장은 제무르의 논의를 통해 살펴본 프랑스 상황에 대입해 보면, 그 사회적 위험성이 심각해진다. 강자가 하는 약자에 대한 조롱은 "표현의 자유"로 볼 수 없다고 한국 지식인들이 강변하는 입장도 (이 입장 자체가 오류인 것은 별론으로 하고) 프랑스 상황에 대입해 보면 역시 위험천만이다.

1996년 파리에서 체류증 없는 sans-papiers 불법체류자들의 소위

'모든 이들을 위한 체류증'이라 불리는 '체류증' 요구 시위가 발생했다. 프랑스의 유명 배우들과 좌파 지식인들이 지원한 이 시위는 결국 일부는 체류증을 얻고, 일부 시위자들은 프랑스 정부가 제공한 비행기를 타고 본국으로 돌아가는 것으로 일단락되었다. 일부 시위자들에 대한 추방으로 시위가 다시 대규모로 일어났다. 마약 유통과도 관련되어 프랑스 정부를 곤혹스럽게 했던 불법체류자들에 대한 당국의 처분과 이들이 '체류증'을 얻을 수 있도록 자발적으로 돕는 유명인들·시민들을 보면서 프랑스 사회가 이민자에게 관대하지 못하다는 주장을 받아들이기는 어려워 보인다.[58] 도대체 어느 정도 관대해야 관대하다고 할 수 있는 것인가? 모두에게 '체류증'을 주어야만 관대함의 범주에 진입할 수 있는 것인지 알 수 없다. 여기서 필자는 장정일의 표현처럼 한국 좌파 지식인들의 "도착적"인 면을 읽게 된다.

에릭 제무르의 책을 논평하면서 지젝의 저서를 둘러싼 한국 좌파 지식인들의 지상논쟁을 자세히 소개한 이유는 다음과 같다. 한국에서도 표현의 자유를 둘러싼 논쟁이 제무르가 언급한 프랑스 상황과 이미 유사하게 펼쳐지고 있고, 이슬람을 포함한 이민 정책이나 성소수자 인권 문제 등, 논쟁하고 대화를 통해 합의해야 할 과제들이 산적해 있기 때문이다. 이 책을 중요하게 분석하여 다루게 된 이유도 프랑스의 상황을 이해하는 것 자체가 중요하다고 보기보다는 (물론 이것도 중요하지만), 우리가 당면한 문제를 어떻게 풀어 갈 것인가에 대해 프랑스가 긴요하게 참조가 될 수 있다는 의의가 더 컸다고 할 수 있다.

제무르는 '이란 혁명'에 대해 긍정적인 평가를 했던 푸코를 지적하며, 그 혁명의 결과로 이란에서 어떤 지배가 시작되었는지에 대해 숙고할 것을 권면하고 있다. 그는 혁명이면 어떤 종류의 혁명이든 다 좋다는 식의 태도를 다소 비아냥거리는 논조로 비판하고 있다.[59] 좌파들은 국적을 불문하고 혁명이면 다 좋다는 식의 '무뇌적 도착'을 하고 있다.

제무르의 지적[60]은 (자유주의에 대한 적대감을 포함하는) 반미 감정과 반미적 세계 인식으로 '미국의 적'은 친구이므로, 당연히 '이슬람 근본주의'는 친구라는 결론에 단순하게 도달하고, 친구의 잘못은 덮어 주고 옹호해 주는 것이 미덕이라고 여기는 일부 한국 지식인들의 무뇌적·도착적 사고에 적절한 경종이 될 수 있다고 생각한다.

또한 이슬람권 이민자를 포함한 이민자가 늘고 있는 한국의 현실에서 지금 제무르의 저서를 통해 접하는 프랑스의 문제는 비단 남의 나라 문제만은 아니라고 할 수 있다. '다문화'라는 이름으로 노동과 복지를 중심으로 제한적으로 논의되고 있는 이민 정책과 법제의 문제가 프랑스처럼 본격적으로 정치·사회·경제·문화적 차원에서 폭넓게 논의되어야 할 시기가 다가오고 있는 것이다.

3. 프랑스의 자살과 한국의 자살

에릭 제무르가 '프랑스의 자살'이라고 표현한 프랑스 사회의 병리적 문제는 68의 정신이 프랑스 민주주의를 위기에 빠뜨렸기 때문이다. 한국의 좌파들은 프랑스가 겪고 있는 문제들을 보고 있으면서도 68의 내용과 정신을 한국에 수입하기 위해 안간힘을 쓰고 있다.

우리가 10년 뒤에 한국의 자살이라는 책을 집필하지 않기 위해서라도 이들이 수입하려고 하는 위험한 사상과 제도를 철저하게 막아야 할 것이다. 이제 독일과 일본의 상황을 살펴보도록 하자.

IV. 한국의 동성혼 소송, 그리고 독일과 일본의 상황

1. 한국의 동성혼 소송과 독일 생활동반자법

2013년 12월 부부가 되겠다고 결심한 동성의 생활동반자[61]들이 혼인신고서를 작성하여 거주지 소재 구청에 제출하였고, 이에 당해 구청은 민법 제815조 제1호, 제826조 내지 제843조, 민법 제839조 내지 제840조를 불수리 사유로 하여 신고불수리 통지를 하였다. 이들은 구청의 처분에 불복하여 소송을 제기하였고 서울서부지방법원은 신청인들의 신청을 2016년 5월 '각하' 하였다.[62]

본고는 신청인들의 주장 즉 '가족 관계의 등록에 관한 법률'(이하 가족관계등록법)에 규정되어 있는 혼인은 동성 간의 혼인에 관하여 별도의 금지가 없는 한 헌법합치적 해석의 원칙과 기본권 최대 보장의 원칙에 따라 ① 헌법 제10조의 행복추구권에서 도출되는 혼인에 있어서 상대방 결정의 자유와 ② 혼인에 있어서 이성혼이든 동성혼이든 동등하게 취급되어야 한다는 평등의 원칙에 비추어 볼 때 신청인들이 서로 상속이나 의료보험, 국민연금의 수급권자에서 제외되고 상대방에 대한 의료과정의 의사 결정에서 배제되는 등 불이익을 받고 있음으로 이 사건 처분은 위법하여 취소되어야 하고 혼인신고는 수리되어야 한다는 주장은 동성혼을 둘러싼 법적 논쟁의 핵심 쟁점을 망라하고 있기 때문에 매우 중요한 사건이라고 판단한다. 또한 당해 사건은 동성동반자의 혼인신고를 관할 구청이 불수리 하고, 이에 대해 불복하여 소송으로 다툰 한국에서 처음으로 발생한 사건이라는 사회적·정치적 의의도 갖는다.

당해 신청에 대한 서울서부지방법원의 각하 결정의 이유를 중심으로 본고는 한국 법체계에서 동성혼 관련 현행법의 해석론과 재해석의 이론적 가능성을 분석하고자 한다. 민주적 헌정질서의 기초가 되는 정의의 원칙들과 법체계 내에서의 재해석의 한계 문제를 동성혼에 관한 법적 논의의 이론적 기초로 보고 이에 대한 설명도 시도하고자 한다. 또한 기본법에 혼인 조항[63]을 두고 있는 독일의 '생활동반자법'을 둘러싼 법적·정치적 논쟁을 분석하는 것을 통해 '생활동반자법'의 문제점과 동성혼의 문제를 이해하도록 시도해 보고자 한다.

2. 한국 법체계에서 동성혼에 관한 재해석의 가능성

1) 헌법 해석

우리 헌법 제36조 제1항은 혼인과 가족생활에서의 양성평등을 명시하고 있다. 헌법 제11조 제1항은 성별에 의한 차별을 금지하고 있다. 헌법 제31조 제2항은 "모든 국민은 그 보호하는 자녀에게 초등교육과 교육을 받게 할 의무"를 규정하고 있다. 우리 헌법은 개인의 존엄과 양성의 평등에 기초한 혼인 및 가족생활을 보호하고 있다.

시대상의 변화에 따라 다양한 형태의 가족과 혼인을 법적 개념의 범주로 포섭해야 한다는 입장을 견지하면서도 동성가족이나 동성혼을 헌법 해석을 통해 혼인 및 가족 제도로 포섭하고자 하는 것은 용인될 수 없다는 내용의 선행 연구가 있다. 헌법제정권자들이 동성결혼과 동성가족을 염두에 둔 입헌의지를 가졌다고 해석하는 것은 헌법 해석의 한계를 넘은 것이라는 지적이다.[64] 한국 법체계에서 동성혼에 대한 법적 논의를 진행할 때 절대로 간과해서는 안 되는 중요한 문제를 지적했다고 평가할 수 있다.

또한 "헌법 해석의 임무는 법률 해석 임무와 결정적으로 다르다. 법률적 정의는 권리와 의무를 제시한다. 그것은 쉽게 제정되고 또 쉽게 폐지된다. 반대로 헌법적 정의는 미래에 대한 시각에서 설계된다. 일단 제정되면 헌법의 규정들은 쉽게 폐지·개정될 수 없다. 그러므로 그것은 반드시 오랜 시간 동안 성장과 발전을 할 수 있게 되어 헌법제정권자 조차 예상하지 못한 새로운 사회적 정치적 역사적인 현실에 봉착한다. 법원은 헌법의 수호자이다. 그리고 헌법조문을 해석함에 있어서 반드시 이러한 고려를 명심해야 할 것이다"라는 설명을 덧붙이고 있다.[65]

한국 법체계에는 헌법 제36조 1항이 존재하고, 이에 따라 양성을 전제로 하지 않는 '동성혼'을 '헌법 개정'이 아닌 '헌법 해석'으로 법적 혼인의 개념에 포섭시킬 수는 없다고 본다. 역사적·사회적·정치적 변화에 따른 헌법 해석에 있어서도 한계가 존재한다. 정의와 권력 분립의 차원에서 이 문제는 뒤에 자세히 논의할 것이다.

동성혼이라는 새로운 결혼 형태에 대한 포섭은 헌법 제10조를 어떻게 해석할 것인가의 여부에 달려 있고, 평등권의 관점에서는 법률혼 관계에 적용되는 법규 중 조세, 상속, 보험 등과 같은 영역에 있어서는 사실혼 관계, 동반자 관계 등에 유비적으로 적용하여 동등하게 보호할 수 있다는 주장도 제기된 바 있다.[66]

또한 현행 법체계 내에서 재해석의 한계를 지적하는 동시에 한계 내의 재해석을 주요 골자로 하는 선행 연구들의 논조를 전면적으로 비판하는 연구도 있다. 이 연구는 동성혼 허용 담론의 한계 자체를 비판한다. 동성혼을 기존의 법적 혼인에 포섭시킬 것이 아니라 '혼인'을 아예 '탈법화' 시켜야 한다는 주장이다.[67] 동성 간에도 '혼인'이라는 법적 이름을 쓸 수 있는가에 관한 논쟁에서 결국 허용의 주체는 이성애자와 국가가 될 수밖에 없다는 지적이다. 공권력이 규정한 틀에 따라야만 '결혼'이 성립되는 것은 문제가 있으며, 국가와 법이 혼인이라는 '정상성'을 부과함으로써 개인의 친밀한 관계에 개입하는 기제를 수용할 수 없다고 하였다. 결국 개인의 친밀성에 대한 법의 개입 방식에 대해 재고하고, 이에 따라 법적인 혼인 제도 자체를 폐지하자는 결론에 도달하기에 이른다.[68] 이러한 급진적 주장은 시민 사회 활동가들에게 많은 영향을 주고 있으나 법의 역사성과 법적 안정성이라는 이념, 그리고 헌법과 헌법의 가치를 실현하는 민주적 헌정질서의 차원에서는 수용하기 어렵다고 본다.

현행법의 재해석 가능성 여부에 대해 서울서부지방법원은 다음과 같이 답하고 있다. 헌법 제10조에 규정된 개인의 인격권과 행복추구권은 개인의 자기운명결정권을 전제로 하고 있고, 거기에는 성적 자기결정권 특히 혼인의 자유와 혼인에 있어서 상대방을 결정할 수 있는 자유가 포함되는 것은 사실이지만, 성적 자기결정권은 통상적으로 성행위 여부 및 그 상대방을 결정할 수 있는 개인의 권리이기 때문에 이 권리로부터 혼인 제도에 있어 동성의 배우자를 선택할 수 있는 권리까지 도출된다고 해석하는 것은 어렵다고 설명했다. 또한 넓은 의미에서 혼인의 자유와 혼인에 있어서 상대방을 결정할 수 있는 자유가 성적 자기결정권에 포함되지만 그러한 자유에는 제한이 따르고, 그 제한에는 근친혼이나 중혼과 같이 법률상 명문으로 금지된 경우뿐 아니라 헌법·민법 및 가족관계등록법에 규정되어 있는 혼인처럼 남녀의 애정을 바탕으로 일생의 공동생활을 목적으로 하는 도덕적 정당화의 내재적 또는 전제적 제한도 포함된다고 밝혔다. 동성애적 성적 지향을 기초로 동성 간 결합을 하고자 하는 사람의 성적 자기결정권 속에는 동성 간 결합을 할 자유와 동성 간의 결합에 있어서 상대방을 결정할 수 있는 자유가 있을 뿐이지, 이를 넘어 적극적으로 동성 간 결합을 법적 혼인으로 인정받을 권리까지 헌법 제10조의 인격권이나 행복추구권으로부터 곧바로 도출된다고 보기 어렵다는 판단이다.[69]

헌법 제11조 평등권 침해 여부에 대해서도 민법 제812조 제1항은 혼인은 가족관계등록법에 정한 바에 의하여 신고함으로써 효력이 생긴다고 규정하여 신고혼주의에 의한 법률혼주의를 채택하고 있고, 혼인신고는 일반적으로 민법 제813조의 규정에 따라 심사를 거쳐 수리된 때에 비로소 부부 관계가 형성되는 창설적 효력을 갖는다. 혼인 신고가 적법하게 수리되어야만 혼인의 효력을 누릴 수 있는 법률혼제도를 채택하고 있기 때문에 평등권을 침해한다고 볼 수 없다고 했으며 혼인을 남녀 간의 결합만으로 보고 동성 간의 결합을 배제하는 것으로 해석하는 것은 합리적 이유가 있어 이를 달리 취급하는 것을 헌법상 평등의 원칙에 위배된다고 할 수 없다고 밝혔다.[70] 평등권에 위배되는가 여부는 정의의 차원에서 사유하는 것이 법이론의 기초가 되기 때문에 뒤에 상세히 논의하도록 하겠다.

서울서부지방법원은 사법의 역할이 국민의 자유와 권리를 보장하기 위한 최후의 보루로서 소수자의 권리 보호에 큰 비중이 있고, 성적 소수자라고 해서 개인의 권리 실현에 장애나 미흡한 점이 있어서는 안 되겠지만, 법문의 가능한 의미를 벗어나 그 의미를 새롭게 창출하는 것, 특히 그 확장 내지 유추 해석으로 인하여 사회에 새로운 제도를 창설하거나 개인의 권리 의무에 커다란 변경을 초래하는 것은 신중해야 한다는 입장을 취했다. 다시 말해, 사법적극주의의 차원에서 입법 목적에 충실하게 목적론적 해석이 요구되는 경우도 있지만, 입법에 의해 설정된 해석의 한계를 넘을 수 없고 이를 넘어선다면 법률의 형성으로서 헌법상의 입법권을 침해하는 문제를 야기한다고 판단했다.

만약 현행 헌법의 혼인 조항이 개정되어 양성평등을 명시한 조항이 젠더 평등을 담는 내용으로 변경된다면 이러한 헌법 해석적 차원의 방어는 무력해지고 말 것이다. 헌법이 무너지면 민사법 체계가 새롭게 재구성되어야 하기 때문에 결혼과 가족이 재정의 되는 위험한 사태가 초래 된다.

2) 친족법 해석

동 법원은 혼인의 재해석은 신청인들의 관계를 '혼인'으로 지칭할 수 있는가를 따지는 단순한 문제가 아니라, 혼인 및 가족 제도의 외연을 확장하는 중대한 변경을 초래하는 행위라고 보았다. 혼인 및 가족 제도는 가족·친족 관계의 형성에 커다란 영향을 미치는 것이고, 사회의 근간이 될 뿐만 아니라 구성원 개개인의 윤리, 철학, 종교 등의 사고와도 밀접한 관련을 갖는다. 따라서 동성혼의 혼인신고 수리 여부에 대한 판단은 사법부의 재해석으로 해결할 수 있는 문제가 아니고 국회의 입법적 결단이 필요한 사안이라고 결정했다.

사실 동성 간의 결합이 법적 혼인이 될 수 있는가의 문제는 혼인에 관한 법규를 재해석할 수 있는가 여부와 혼인의 법적 개념에 동성동반자의 결합을 포섭시킬 수 있는가의 문제에 국한 되지 않는다. 법제사적으로 보아도 유교적 법문화가 영향을 끼친 일본과 한국은 친족 제도에 있어서 혼인과 이에 따른 자녀의 출산과 양육에 의한 혈연관계를 중시해 왔다.[71] 또한 가족법적 시각에서 친족을 어떻게 규정하느냐의 문제는 민사법에만 국한된 사안이 아니다. 형벌 법규상 친족의 범위의 문제와도 관련된다.[72] 법문화와 법의 역사적 측면을 무시하는 적극적 법해석은 정치적·사회적 합의를 전제로 한 입법권을 침해하는 등 심각한 문제를 야기할 수 있다.

배우자는 법률상 부 또는 처를 뜻한다. 따라서 사실혼의 부부나 첩은 친족이 아니다. 민법은 친족 개념이 문제되는 개별규정에서 배우자를 별도로 열거하고 있기 때문에 배우자라는 지위에서 바로 법률상 효과가 발생하고 따라서 배우자를 친족으로 규정할 실익이 없다는 견해도 있다.[73] 그러나 혈족을 직계 혈족-방계 혈족 또는 자연 혈족-법정 혈족으로 나누고, 혈족으로서 친족 관계로 인한 법률상 효력을 미치는 범위는 민법 또는 다른 법률의 특별한 규정이 없는 한 8촌 이내의 혈족에 한정된다. 자연 혈족은 부모와 자녀, 형제자매와 같이 자연적인 혈연으로 연결되는 친족이고, 법정 혈족은 입양에 관한 양친자 관계가 인정된다. 인척은 배우자 이외에 혼인에 의하여 비로소 친족이 되는 사람을 말한다.[74] 동법원의 판단처럼 법적 혼인의 인정여부는 당사자들의 법적 권리 문제뿐만 아니라 친족법 체계에 영향을 끼치는 사안이다.

친족 관계나 가족 관계는 친족·상속법의 구체적인 규정을 만들어내는 기본 틀이고, 그 이외의 법률 관계나 그에 따른 법률 효과는 부수적인 것으로 생겨나는 것에 지나지 않는다. 그렇지만 역으로 판단할 때 후자의 법률 효과의 발생이 필요하기 때문에 전자의 법률 관계를 따지는 것이라고 할 수 있다.[75] 따라서 법률 효과 발생의 필요성에 따른 법률 관계의 창설은 입법의 영역에서 논의 되어야 할 문제이고, 사법부의 법해석으로 해결할 수 있는 문제가 아니라고 하겠다.

또한 1948년 헌법 이래로 현행 헌법까지 헌정사의 차원에서 친족법의 제·개정 과정을 살펴볼 때 혼인과 가족생활에 대한 관점은 개인의 존엄과 양성평등을 기초로 헌법적 혼인질서를 발전시켜 왔다고 볼 수 있다.[76] 또한 2008년부터 시행된 개정 민법은 호주제 폐지에 따라 가족의 범위가 새롭게 규정되어 부계혈통주의가 완화 되었고, 금혼 범위가 합리적으로 축소되었다. 부의 독점적인 친생부인권을 부정하고 모에게도 친생부인권을 인정함으로써 가부장적인 색채를 불식하고 자녀의 복리를 도모하였다. 양자와 친생자의 차별을 철폐하고 입양아동의 복리를 실현하기 위한 친양자제도가 도입되었다. 이혼 후 자녀의 양육과 친권자 결정에 있어서도 국가의 후견적 역할을 강화하였다. 민법 개정은 명백하게 양성평등의 인권의식과 자녀의 복리실현이라는 취지에서 이루어진 것이다.[77]

따라서 혼인과 친족에 관한 현행 법체계에 대한 전견적인 입법적 결단이 아니고서는 사법부의 재해석으로 동성혼의 문제를 결정할 수는 없다고 본다. 이러한 차원에서 동법원의 당해 사건 신청에 대한 각하 결정은 매우 합리적이라고 평가할 수 있다. 헌법이 개정되면 바로 민사법 체계 전체를 손보는 입법 쓰나미가 가능해지기 때문에 미풍양속의 민사법 체계를 지키기 위해서라도 헌법의 수호는 매우 중요한 과제이다.

3) 법치와 민주주의의 측면

민주 사회에서의 삶은 옳고 그름, 정의와 부정의에 관한 이견들이 다양하게 표출될 수밖에 없다. 어떤 이는 낙태를 옹호하고 다른 이는 반대한다. 대학의 소수자 우대정책을 펴는 나라에서 이것에 반대하는 사람들은 이것이 역차별이라고 생각한다. 어떤 이는 테러용의자를 고문해야 한다고 생각하고 다른 이는 이에 반대한다. 선거에서는 이러한 의견 차이로 당락이 좌우되기도 한다.

이러한 도덕과 신념의 대립이 표출되었을 때 자신의 입장을 양보하는 경우가 드문 것은 자연스런 현상이라고도 할 수 있다. 그래서 헌법과 헌정질서는 이러한 충돌 속에서 '힘의 지배'가 아닌 '법의 지배'로 국민의 권리를 보호한다. 국민의 자유와 평등을 위해 이성에 기초해 합의된 '정의의 원칙'들은 민주헌정의 중요한 헌법적 가치들로서 헌법과 헌정의 내용이 된다고 할 수 있다.

'정의'는 자유와 개인의 권리를 존중하는 것이라는 신념은 오늘날의 정치에서 '행복의 극대화'라는 공리주의적 사고만큼 익숙하다.

자유에서 출발해 '정의'를 이해하는 자유지상주의자들은 자유방임을 기초로 성인들의 합의에 따른 자발적 선택을 존중하고 지지하는데 '정의'의 본질이 있다고 생각한다. 그러나 이러한 자유지상주의 정의론은 심각한 이론적 모순과 법리적 근거를 제시하지 못하는 문제점들을 노출하고 있다. 자유는 '정의'의 차원에서 개인의 삶에서 극대화시킬 수 있는 것이 아니라, 가능한 자유를 헌정의 테두리 안에서 개인이 향유하는 것이라고 필자는 해석한다. 다시 말해, "남자인 내가 남자와 결혼하는 것은 내 자유이니 이것을 법적으로 용인하는 것이 정의이다"라고 말하는 것은 합의된 정의의 원칙들로 구성된 민주적 헌정질서와 양립할 수 없다. 흥미로운 점은 한국 사회에서 자유지상주의적 정의론을 강력하게 비판하는 소위 진보적 입장의 민변민주 사회를 위한 변호사모임 등 시민 단체나 활동가들이 동성혼을 지지할 때 활용하는 논변은 매우 '자유지상주의적'이라는 사실이다.

위에서 이미 언급했지만 헌법 제36조 제1항은 혼인과 가족생활에 관하여 "개인의 존엄과 양성의 평등을 기초로 성립되고, 유지되어야 하며, 국가는 이를 보장한다"고 규정하고 있다. 따라서 우리 헌법은 혼인·가족 제도를 기본 인권의 제도화로서 이해하고, 기본 인권의 한 내용으로 보장하고 있다고 해석할 수 있다. 국가는 평등한 혼인과 민주적 가족생활을 보장할 의무를 가지며, 국가가 개인의 존엄과 양성평등을 기초로 하는 혼인과 가족생활의 성립·유지를 침해할 때, 각 개인은 그 침해 행위의 배제와 구제를 청구할 수 있는 주관적 방어권을 갖는다. 이와 같이 우리 헌법은 가족을 국가의 보호를 요하는 기본제도로서 파악하고 있다. 헌법 개정의 정국을 틈타서 이 조항을 개정하여 동성혼 합법화의 길을 열려고 하는 시도는 매우 반헌법적이고 반민주주의적이라는 것을 명심해야 한다.

'법의 지배'로써의 '헌정'이 모든 국민의 권리를 보호할 수 있는 이론적·실천적 기초가 바로 이러한 합법성에 있는 것이다. 민주적으로 합의되고 인정된 정의의 원칙들로 형성된 민주적 헌정질서상의 혼인과 가족의 권리를 "남자와 결혼하고 싶은" 한 남자 개인의 "자유의 극대화"라는 측면에서 변경할 수 없으며 이를 용인한다면 역설적으로 '정의'에 반하는 것이다.

무엇이 인간에게 권리가 될 수 있는가에 대한 법철학적 성찰은 중요하다고 생각한다. 롤스는 분배적 정의가 미덕이나 도덕적 자격을 포상하는 것이 아니고, 그보다는 일단 게임의 규칙이 정해졌을 때 생기는 합법적 기대를 충족하는 것과 관련이 있다고 설명한다.[78] 일단 정의의 원칙이 사회 협력의 조건을 정하면, 사람들은 그 규칙에 따라 자기가 벌어들인 이익을 가질 권리가 생긴다는 논변이다.[79] 분배적 정의뿐만 아니라 '동등한 자유의 원칙'을 인식하는 것도 마찬가지이다. 혼인과 가족에 대한 권리를 개인의 자유의 차원에서 인식할 때 각 사람이 가능한 동등한 자유를 누리는 것은 이 합의된 규칙의 틀 안에서 가능하다. 헌법상 평등권의 위배 여부에 대한 법철학적 판단은 이러한 정의론에 기초한다. 따라서 우리는 이 합의된 헌법적 가치와 정의의 내용을 급진적으로 변경하려는 세력들로부터 지켜야만 한다.

그러나 롤스의 정의론은 이미 설명한 바와 같이, 미덕이나 도덕적 자격을 포상하는 것이 아니라 게임의 규칙이 정해졌을 때 생기는 합법적 기대를 충족하는 것에 더 주안점을 둔 것이라는 마이클 센델의 설명에 주목할 필요가 있다고 생각한다.[80] 드워킨이 지적한데로 롤스의 가설적 합의가 사회 계약적 합의에 해당되지 않는다고 하더라도, 이미 정해진 게임의 규칙이 개인적으로 마음에 들지 않는다거나 현재 자신의 이익과 상충하더라도 절차적으로 하자가 없는 한 그 법적 강제에 순응해야 하는 의무의 합법성을 설명할 수 있는 이론적 장점을 간과할 수 없다고 생각한다.

드워킨도 자신의 정의론을 전개하면서 개인이 주관적으로 중요하다고 생각하는 것이 주관적으로 중요할 뿐만 아니라 객관적으로도 중요하다는 사실을 받아들이고 있는 경우 스스로 이를 긍정할 수 있는 논변을 제시해야 한다고 판단한다. 여기에 덧붙여 자신이 가진 어떤 특성이 자신의 삶을 객관적 견지에서 특별히 중요하게 만든다고 생각하는 사고의 위험성을 정의의 차원에서 경계하고 있다.[81] 지면의 한계상, 상세히 다룰 수는 없지만 '법은 가치 평가에 있어서 중립적이어야 한다'는 자유주의의 '단절 전략'에 대해 드워킨은 이론상의 변화를 수용했다고 볼 수 있다. 드워킨이 자신의 법철학에서 정의론의 입장을 변경했다고 해서 본고가 수용하고 있는 정의론의 의의와 대립하는 것은 아니다.

이 논변은 이미 정해져 있는 헌법 해석에 대한 재해석을 통한 변경의 한계와도 밀접한 관련을 갖는다. 롤스 이론의 실천적 의미는 그가 제시한 가설적 합의의 내용, 즉 동의할 수 있는 두 가지 정의의 원칙이 부정할 수 없는 진리라거나 그의 이론적 전제가 완벽하기 때문이 아니라 사회적 삶 속에서 경합하는 다원적 가치들이 공존할 수 있는 민주헌정의 법철학적 기초를 제시했기 때문에 평등권 위배 여부를 판단할 때 중요한 의미를 갖는다는 것이 본고의 판단이다. 다시 말해, 동성생활동반자도 이성혼과 마찬가지로 혼인의 동등한 권리와 배우자 선택의 동등한 자유를 누려야 한다는 개인적 주장에 대한 법원의 각하 결정은 이러한 '정의'의 차원에서 합리화 될 수 있다. 필자는 롤스의 이론적·실천적 한계를 극복하기 위해 마이클 센델의 공화주의 정의론에 기초한 헌법 해석론을 주장하고 있으나 지면의 한계상 이 책에서는 자세하게 다루지 않았다.

다투고 있는 갈등이나 침해받고 있다고 주장하는 개인의 권리가 갖는 도덕적 미덕이나 내용적 진리성에 의해서가 아니라 이미 정해진 규칙에 의해 확보되는 합법성에 의해 그 한계 내에서 동등한 자유와 권리가 보장된다는 중요한 논변을 배제하고도, 각자가 개인적으로 제시하는 자신의 개별적 이익과 가치가 다원적인 민주 사회에서 법적 안정성과 양립하여 실현될 가능성은 현실적으로 존재하지 않는다.[82]

만약 민주헌정의 법원리가 되는 정의의 원칙들에 대한 합의의 절차가 민주적 정당성이 없는 상태에서 결정된 것이라던 문제가 될 수 있다. 그러나 그렇지 않다면, 바로 이 규칙에 따름으로써 정의가 실현되는 것이라고 판단할 수 있다. 현행 한국의 법체계는 민주적 정당성이 없는 법질서가 아니다. 또한 사법부는 헌법의 수호자로서 민주적 정당성이 확보된 규범질서로써의 헌정질서의 합의된 규칙을 판결로 변경할 수 없다. 동성 결혼 문제를 놓고서 연방대법원을 통해 사법부가 주정부에게 동성 결혼을 강제적으로 수용하도록 결정한 미국의 사례는 이러한 차원에서 비판이 가능하고, 극단적 '사법적극주의'의 폐해를 적나라하게 보여준 것이라고 평가할 수 있다. 이에 반해 서울서부지방법원의 결정은 매우 합리적이다.

독일은 지금까지 논의한 법적 문제들에 대해 2000년 '생활동반자법'을 입법한 이후 2012년에서 2014년 사이에 본격적으로 치열한 논쟁과 변화의 과정을 겪었다. 기본법에 혼인 조항을 명시해 혼인의 가치를 법으로 특별히 보호하고 있는 독일에서의 '생활동반자법'을 둘러싼 논쟁은 한국 사회에 많은 시사점을 던져준다. 이제 독일의 사례를 검토해 보도록 하겠다.

3. 독일의 생활동반자법을 둘러싼 논쟁과 일본의 사례가 주는 시사점

1) 독일 생활동반자법의 제정과 연방헌법재판소 결정

독일에서는 2000년 11월 당시 집권여당이었던 사민당-녹색당 연정의 주도로 기민당-기사당 연합Union의 반대에도 불구하고, '생활동반자법'Lebenspartnerschaftsgesets[83]의 제정이 추진되었다. 이에 2001년 2월 16일 동법률이 공포되고, 동년 8월 1일부터 시행되었다.[84]

이법은 독일에서 혼인과 가족에 관한 사회·문화적 양상을 변화시키는데 중요한 역할을 하게 된다. 동성동반자의 경우 이 법에 근거하여 법적으로 혼인은 아니지만 상당한 부분에서 혼인과 동등한 법적 권리를 누릴 수 있게 되었다. 이러한 이유로 대중의 일상용어로는 생활동반자 관계 등록을 '동성 결혼'Homo-Ehe[85]이라고 표현하기도 한다.

독일의 몇몇 주정부가 '생활동반자법'은 기본법 제6조에 의한 혼인과 가족의 보호에 상치된다는 이유로 소송을 제기했지만 연방헌법재판소는 이러한 주장을 용인하지 않았다. 연방헌법재판소는 동법률을 합헌이라고 결정했다.[86] 오히려 여기에서 더 나아가 연방헌법재판소는 2010년 7월 상속세와 증여세에 관한 '등록된 동반자 관계'와 '혼인' 간의 '불평등 대우'Ungleichbehandlung는 기본법 제3조 제1항에 어긋난다고 결정하였다.[87] 이 판결에 따라 2011년부터 상속세와 증여세에 있어서 양자 간 구분이 없어지게 되었다.

동법률은 동반자 관계에서는 아이를 공동으로 입양할 수 없는 것으로 규정하였지만, 2013년 2월 연방헌법재판소 판결에 의하여 승계입양sukzessive Zweitadoption이 혼인과 동일하게 허용되었다.[88] 또한 2013년 5월 연방헌법재판소는 혼인과 달리 동반자 관계에 대해서는 세제 혜택을 허용하지 않았던 소득세법 제26조, 제26조b, 제32조a 제5항이 기본법 제3조 제1항에 따르는 일반적 평등 원칙에 위배된다고 결정했다.[89] 이에 따라 조세등급 변경과 분할신고 절차에 대한 청구권이 인정되었으며, 최종적인 법 개정이 있을 때까지 위의 규정들은 효력을 유지하되 등록된 동반자 관계에 대해서도 적용되어야 한다고 판시했다. 2001년 8월 1일까지 소급효를 인정한 결과 동반자들이 만약 이전의 납세에 대해서 이의를 제기하면 상응하는 환급금을 받을 수 있게 되었다. 2014년부터는 연방자녀양육비법Bundeskindergeldgesetz에 의하여 동성동반자들도 자녀양육비를 지급받는다.

독일은 생활동반자법 제정 이후 연방헌법재판소의 판결에 의해 '혼인'의 법적 권리와 동법률의 '생활동반자'의 권리가 동등해지는 방향으로 변화되고 있다. 연방헌법재판소가 판결을 통해 생활동반자의 법적 권리를 '혼인'과 동등하게 견인하고 있는 와중에도 보수 정당 및 시민 단체주로 종교계는 언론을 통해 비판의 목소리를 내고 있다. 사실 독일에서 '생활동반자법'의 입법은 쉬운 일이 아니었다. 기독교적 전통이 강한 전통적·보수적 시민 사회의 입장이 무너지면서 이 법이 입법된 상황을 한국 교회는 주시해야만 한다. 교회가 침묵하거나 동조하는 순간 법을 통해 쓰나미가 교회와 국가를 덮치게 되는 것이다. 결국 보수적 메르켈이 백기를 들면서 독일은 2017년 6월 30일 의회를 통해 동성혼이 합법화 되는 지경에 이르게 되었다.

2) 독일 언론에 나타난 정당의 입장

① 기민당-기사당 연합과 자민당

2013년 연방헌법재판소가 세법상 생활동반자와 혼인한 부부 간 불평등 대우가 위헌이라는 결정을 하기 전 기민당은 당 내외의 논쟁에 휩싸이게 된다. 긴박했던 논쟁과 갈등의 과정을 정리해 보면 다음과 같다.

기민당-기사당 연합이란 독일 기독교 민주연합Christlich-Demokratische Union, 약칭 CDU, 기민당과 바이에른 기독교 사회연합 Christlich-Soziale Union in Bayern e.V., 약칭 CSU, 기사당의 연합체를 의미한다. 기사당CSU과 기민당CDU은 자매정당으로, 두 정당을 합쳐 '연합연정'이라고도 부른다. 기사당은 바이에른 지역에서만 활동하며 기민당은 바이에른 주를 제외한 전 지역에서 활동한다. 두 당은 연방의회에서 함께 원내교섭 단체를 구성하고 있으며 독일 사회민주당과 함께 독일 정당의 양대 세력을 이루고 있다.

기본적으로 보수성향인 기민당 내부에서 논쟁을 촉발시킨 사건으로 13인의 행동을 들 수 있다. 2012년 8월 6일 기민당 의원 13인은 세법상 동성 결혼Homo-Ehe[90]에 전통적인 혼인과 동등한 지위를 인정하는데 힘을 모을 것이라고 발표했다.[91]

등록된 동성동반자들은 혼인과 동일하게 부양 및 보증의무Unterhalts und Einstandspflichten를 서로 부담하고 있기 때문에 분할과세Steuersplitting는 필연적이라는 주장을 표명했다. 의원들은 본 안건을 여름휴가가 끝난 후 기민당-기사당 연합 교섭 단체에 제출할 것이라고 밝혔다. 등록된 동성동반자 관계의 권리·의무 간의 균형을 보장하는 것은 자민당과의 연정협정에서도 합의된 사안이었다. 이와 같은 행동과 발표는 기민당의 '생활동반자법'에 관한 패러다임을 전환시키는 기폭제가 되었다. 이제까지 당은 세법상의 동등한 지위를 반대해 왔다.[92]

앙겔라 메르켈Angela Merkel 총리는 동성동반자들에게도 소득세 정산 시 혼인과 동등한 지위를 보장해야 하는가라는 슈피겔의 질문에 "이는 연방헌법재판소의 판결을 기다려야 하고, 섣불리 결정할 문제가 아니다"라고 밝힌 바 있다. 연정 파트너인 자민당[93]과, 동성동반자 관계와 혼인 사이의 세법상의 불평등을 폐지한다는 합의는 있었지만 혼인분할과세Ehegattensplitting와 관련해서는 당내 의견이 양분되었으며 총리의 의견에 반기를 든 의원들이 등장한 것이다. 이런 상황에서 연방경제부장관인 필립 뢰슬러Philipp Rösler, 자민당는 동성동반자에 대한 소득세 불평등이 위헌이라는 입장을 연방헌법재판소가 강하게 피력해 왔다는 것을 강조하며 이에 대한 정치적 결정을 2013년연방헌법재판소의 판결이 내려질 때[94]까지 기다릴 수 없다고 밝혔다. 자민당은 오래전부터 세법상의 평등을 주장해왔고, 녹색당과 사민당이 이를 지지해 왔다.[95]

기민당 소속인 메르켈 총리는 독일 기본법 제6조는 혼인과 가족을 보호하고 있고, 이는 충분한 헌법적민주적 근거를 바탕으로 제정·유지되었다는 사실을 믿는다고 슈피겔과의 인터뷰에서 다시 한 번 강조했다.[96]

2012년 11월에 이르러 기민당 지도부는 니더작센 주 선거와 이후 연방의회 선거를 대비하여 당 내부의 화합과 단결을 보여주어야 할 시점이기 때문에 전당 대회에서의 충돌을 최대한 피하려는 입장이었다. 그러나 기민당의 연방의회의원 13인은 강력하게 동성동반자 관계에 세법상 완전하게 동등한 지위를 부여하는 것을 내용으로 하는 법안을 논의하겠다고 밝혔다. 기민당 의원인 얀 마르코 룩작Jan-Marco Luczak은 기민당은 동성애가 동등한 의무를 부담하게 되었을 뿐만 아니라 이에 따라 동등한 권리도 인정되어야 한다는 것을 인식해야 하고, 정치는 자신의 형성 권한을 포기해서는 안 되며, 연방헌법재판소가 해결책을 제시하기를 바라지 말고 스스로 정당하지 않은 것을 고쳐나가야 한다고 주장했다.[97]

이에 반해 메르켈 총리는 "개인적으로는 혼인에만 세법상 특권을 인정하고 싶다. 왜냐하면 기본법이 혼인을 가족과 직접적인 연관성에서 보고 있고, 혼인과 가족은 국가 질서의 특별한 보호하에 있기 때문이다. 그러나 이러한 입장을 하노버에서 열리는 기민당 대회에서 관철할 수 있을 지에 대해서는 확신할 수 없다"고 밝혔다. 풀다Fulda 지역위원회Kreisverband는 동성동반자들에게 혼인과 동등한 분할과세를 인정하는 것에 대하여 명백한 거부 의사를 밝혔고, 소위 '거친 13인Wilde 13'이라고 불리는 연방의원들과 가족부 장관 크리스티나 슈뢰더Kristina Schröder는 분할과세를 강력하게 주장하고 나섰다. 기사당 대표인 호르스트 제호퍼Horst Seehofer도 동성-혼인에 대한 인터뷰에서 혼인에 대한 기본법상 특별한 보호를 강조하며 동성 동반자에 대한 세제 혜택을 격렬히 반대한다고 밝힌 바 있다. 그 외에도 기민당은 사민당의 압력을 받고 있었다. 사민당 바덴 뷔어템부르크 주 장관 페터 프리드리히Peter Friedrich는 동등한 지위 보장은 헌법상 정당한 요구에 해당하고, 기민당 전당 대회에서의 통과 여부와 관계없이 독일 참의원Bundesrat에서 합의한 것이며 사회의 압도적인 다수가 찬성하는 것이라고 주장했다.[98]

결국 충돌과 갈등은 전당 대회에서 본격화 되었다. 기민당 전당 대회 결과, 동성 결혼에 세법상 혼인과 동등한 지위를 인정하려는 시도는 실패로 돌아갔다. 헤센 주의회 의원인 발터 아놀드Walter Arnold는 이는 동성동반자들에 대한 차별의 문제가 아니라, 기본법상 확정된 혼인과 가족의 보호와 관련한 문제라고 주장했다. 차별화 요청Abstandsgebot이란 혼인과 가족 및 다른 동성동반자 관계 사이에 적용되는 것이라는 주장이다. 기민당 사무총장CDU-Generalsekretär 헤르만 그뢰헤Hermann Gröhe도 혼인분할과세Ehegatter.splitting는 기본권 보장을 위한 정당한 표현이고, 혼인과 가족은 특별히 지원을 받아야 한다고 주장했다. 아울러 혼인이란 경제공동체로도 볼 수 있다고 덧붙였다.

반대로 얀 마르코 룩작Jan-Marco Luczak 의원은 동성동반자들이 세제 혜택을 받는다고 해도 혼인한 부부들이 불이익을 당하지 않는다며, 결정적으로 동등한 의무에는 동등한 권리가 따라와야 한다고 주장했다. 동시에 룩작은 대부분의 보수적인 유권자들도 이를 지지하고 있다고 언급했다. 설문조사에 따르면 기민-기사당 연합 지지자

Chapter 02 패륜의 사상사   119

들의 80퍼센트가 동성 결혼의 세법상 동등한 지위를 옹호하고 있다는 것이다. 동성 결혼에 대한 우호적인 결정으로 오랜 지지자들을 놓치게 되는 일은 없을 것이라는 주장도 제기 되었다. 그러나 그는 혼인의 특별한 법적 보호 가치에 대해서는 언급하지 않았다.[99] 2012년의 격렬했던 논쟁은 연방헌법재판소의 결정이 나온 2013년에 새로운 국면을 맞이하게 된다.

② 연방헌법재판소의 결정과 기민당의 기민한 변화, 그리고 반전

기민당의 내부 논쟁에서 얀 마르코 룩작이 주장한 내용 즉 "어려운 정치적 문제에 대한 결단을 '헌법재판소'에 떠넘기지 말고, 정치적 해결방안을 제시하자"라는 견해는 독일뿐만 아니라 한국 사회에서도 톺아보아야 할 의제라고 생각한다.

드디어 2013년 2월 19일 연방헌법재판소가 동성동반자에게 승계입양sukzessive Zweitadoption의 범위 내에서 입양할 수 있는 권리를 인정해야한다고 결정했다.[100] 연방헌법재판소의 당해 판결은 전통적인 혼인과 생활동반자 관계가 동등한 법적 지위를 인정받는 방향으로 한 발짝 더 나아가도록 견인한 판결이라고 평가할 수 있다. 이에 대해 자민당과 게이-레즈비언 단체들은 매우 환영했고, 기민당-기사당 연합은 침묵을 지키다가 당일 오후에야 판결을 잘 인지하였다고 발표했다.[101] 메르켈과 기민당 지도부는 이 판결이 기민당을 매우 난처한 상황에 처하게 할 것임을 알고 있었다. 혼인의 가치와 특권을 고수하던 기민당이 이 난국에 어떻게 대응하는가를 살펴보는 것은 헌법재판소가 판결을 통해 정치적 난제의 견인차 구실을 톡톡히 해왔던 우리의 헌정사를 통해 상고해 보아도 많은 시사점을 내포하고 있다고 하지 않을 수 없다.

기사당 의원인 다그마 뵈를Dagmar Wöhrl은 기민당 지도부를 정조준해서 비판했다. 그는 "기민당 지도부는 정치적 형성 권한을 손쉽게 연방헌법재판소 재판관에게 넘겨주고 있다. 계속해서 헌법재판소는 상속세, 토지취득, 기업연금, 공무원에 대한 가족수당 등에서 동성동반자와 혼인의 동등한 지위를 허용해왔다. 연방정부 차원에서의 의안 제출이 더 적극적이어야 한다. 헌법재판소가 보충적 입법자로서 적극적으로 행동해야만 했다는 것은 매우 유감스러운 일"이라고 지적했다. 기민당은 선거를 앞두고 전략적으로 더 이상 이 문제를 언급하려 하지 않았다.[102]

입양에 대한 연방헌법재판소 판결 이후 기사당과 기민당은 대립하기 시작한다. 기민당은 동성 결혼에 대한 권한 부여 반대의사를 기민하게 철회한 반면, 기사당은 자매정당의 노선 변경에 이의를 제기했다. 기민당의 핵심 의원들은 최대한 빨리 생활동반자에게 혼인과의 동등한 지위를 인정하기 위한 법 개정 작업을 시작하기로 합의했다. 입양법 개정과 동시에 세법상 동등한 지위에 대해서도 함께 처리하겠다는 입장이었다. 녹색당과 자민당은 이러한 기민당의 노선 변경에 대하여 동의와 환영의 뜻을 밝혔다.

그러나 기사당 의원 게르다 하셀펠트Gerda Hasselfeldt는 혼인과 가족은 우리에게 특별한 지위와 우선순위를 가지기 때문에, 가장 중요한 것은 혼인과 가족이 계속해서 특혜를 더 받아야만 한다는 것이라고 주장했다. 주 의회 교섭 단체장 게오르크 슈미트Georg Schmid와 당의 부대표 바바라 슈탐Barbara Stamm도 혼인과 가족은 더 강화되어야 하며 이것이 우리의 기본 이념이라는 비슷한 의견을 내놓았다.

비판은 사민당 쪽에서도 나왔다. 사민당 사무총장Generalsekretärin 안드레아 날레스Andrea Nahles는 기민당-기사당 연합은 배움을 얻은 것이 아니라 변화된 사회 분위기와 연방헌법재판소의 결정에 의해 현실의 인정을 강요받은 것일 뿐이라고 비난했다.[103]

3개월 전만해도 기민당은 동성동반자 관계와 혼인의 동등한 지위를 반대했으나 연방헌법재판소의 결정을 계기로 찬성으로 돌아섰다. 12월 하노버에서 열린 기민당 당 대회에서 진행된 논쟁에서도 동성 결혼과 혼인의 동등성은 인정되지 않는다는 합의를 도출했었다. 많은 기민당원들이 종전의 입장을 변경하고 세법에서도 동성 결혼과 혼인의 동등성에 찬성 의견을 밝히기 시작했다. 연방헌법재판소의 판결을 기회로 입양에서의 동성동반자 관계의 권리를 더 확장 및 강화시키자는 주장도 제기되었다. 승계입양뿐만 아니라 입양에 있어 완전한 법적 동등함을 계획하고 있다고 강조했다.[104]

기민당 연방의회 의원인 에리카 슈타인바흐Erika Steinbach가 트위터를 통해 "누가 헌법을 헌법재판소 재판관들로부터 보호하나요?"라는 글을 올려 동성동반자들의 동등지위 보장에 관한 연방헌법재판소 판결을 비판했지만,[105] 기민당은 이미 기민하게 변화를 받아들였을 뿐만 아니라 정치적으로 진보적 행보를 보이기 시작했다.

2013년 5월 연방헌법재판소는 혼인과 달리 동반자 관계에 세제혜택을 허용하지 않았던 소득세법 제26조, 제26조b, 제32조a 제5항이 기본법 제3조 제1항에 따르는 일반적 평등 원칙에 위배된다고 결정했다. 또한 이에 따라 조세등급 변경과 분할신고 절차에 대한 청구권이 인정되며, 최종적인 법 개정이 있을 때까지 위의 규정들은 효력을 유지하되 등록된 동반자 관계에 대해서도 적용되어야 한다고 명시했다. 2001년 8월 1일까지 소급효를 인정한 결과 동반자들이 만약 이전의 납세에 대해서 이의를 제기하면 상응하는 환급금을 받을 수 있게 되었다.[106]

'승계입양'에 관한 헌법재판소의 결정 이후 기민하게 입장을 바꾸었던 기민당 지도부는 다시 극적인 반전을 보여주었다. 보수화의 반전이다. 혼인에 대한 보수적 입장을 내심 고수하고 있던 메르켈과 기민당 지도부는 오히려 세법 분야에서는 통 큰 변화를 보여주면서도 '입양'에 대해서는 강력하게 반대하는 입장을 새롭게 제시했다.

기민당-기사당 연합은 연방헌법재판소 결정에 따라 동성 결혼의 혼인분할과세와 관련한 법률을 연방의회에 제출하려는 계획을 세웠다. 그러나 '입양법'과 관련해서는 동성동반자의 동등지위에 대해 강력하게 반대하고 나선 것이다. 기사당 사무총장인 알렉산더 도브린트Alexander Dobrindt도 기민당의 이러한 입장에 지지를 선언했다. 이에 반해 자민당은 적극적으로 완전한 동등한 지위를 요구하고 나섰다. 혼인에 관한 모든 법률은 당연히 동성동반자 관계에도 적용되어야 한다는 주장이다. 입양과 관련해서도 단서를 붙이지 않는 완전한 권리를 인정할 것을 강조했다. 이러한 주장들에 대해 기사당 의원 노버트 가이스Norbert Geis는 "연방헌법재판소는 시대정신에 따를 것이 아니라 헌법이 지향하는 바를 따라야 한다"며 최근 세법상 동성동반자 관계에 혼인과 동등한 지위를 인정한 연방헌법재판소의 결정에 대해 다시 한 번 강도 높게 비판했다.[107]

세법에 대한 의견일치와 달리 입양법을 둘러싸고 기민당-기사당 연합과 자민당 연정 사이에 심각한 대립과 갈등이 빚어졌다. 헤센주 주지사hessischer Ministerpräsident이자 기민당 부총재CDU-Vizechef인 폴

커 뷔피에르Volker Bouffier 의원은 "입양은 신속하게 결정될 수 없는 문제이다. 돈이 아니라 아이들의 복지와 관련된 문제이기 때문이다. 당연히 자녀를 사랑으로 교육하는 동성 커플도 있겠지만 많은 사람들은 정당에 대한 지지 여부를 떠나 이 문제에 대해 어떤 일종의 불쾌감을 느낀다. 이런 사람들 중에는 나도 포함된다"고 주장했다. 기민당 의원 아르민 라셋Armin Laschet도 "아이들은 엄마와 아빠를 구별할 권리를 가지고 있다. 원칙적으로 누군가에게 동등한 지위라는 개인적인 권리를 보장하기 위해서 원칙을 무효화시키는 것은 옳지 못하다고 생각한다"고 입장을 밝혔다.[108]

③ 메르켈 총리의 입장

메르켈 총리는 동성동반자에게 입양을 허용하지 않을 것이라는 계획과 함께, 교회의 선도적인 지위를 강조했다. 기민당은 등록된 동성동반자에게 입양의 권리를 보장하는 내용의 법률안을 제출할 계획이 없다고 밝혔다. 그러나 동성애에 대한 모든 차별은 수용될 수 없다고 덧붙였다. 연방헌법재판소가 두 동반자가 함께 자녀를 입양할 수 있는가에 관해 결정한 것은 아니라는 입장도 표명했다. 메르켈은 가족은 소속감을 느끼게 하고 서로 믿고 의지하는 대부분의 사람들에게 가장 중요한 것이기 때문에 기본법에 근거한 혼인 및 가족의 특별한 보호를 지지한다고 밝혔다. 동시에 다른 형태로 가족을 이룬 사람들에 대한 존중을 강조하며, 여기에도 독일 사회의 기초를 이루는 가치가 있다고 주장했다.[109]

메르켈은 교회에 대해서 좀 더 선교적인 자세를 요구했다. 교회가 더 활기차고, 적극적으로 사람들 사이에 들어가기를 원한다는 것이다. "모든 사회는 기초 가치와 규범의 근본 위에 세워져 있는데 우리에게는 이것이 전부 근본적으로는 기독교적 뿌리로 이루어져 있다. 국가의 의무는 자유롭고 정치적으로 독립된 교회의 존재와 영향력을 위하여 합리적인 대강을 보장하는 것이다"라고 하였다.[110] 교회는 메르켈의 기대에 부응하지 못했고 내부적으로 분열했다.

단합하여 메르켈의 보수 정책에 지지를 보내주지도 못하고, 여론도 조성하는데 실패한 무력한 독일 교회의 모습을 한국 교회는 분명하게 인식해야만 한다. 메르켈도 정치적 이해 앞에서 입장을 바꾸게 되었고, 결국 독일 의회가 2017년 6월 30일 동성 결혼 법제화를 통과시켰다. 독일 하원은 6월 30일 동성 커플들도 이성애자 커플처럼 결혼을 하고 입양을 할 수 있는 법안에 찬성 표를 던졌다. 앙겔라 메르켈 총리가 9월 24일 선거를 앞두고 동성 결혼에 대한 의회의 자유투표를 언급한 후 이루어진 결정이다. 메르켈이 선거 후 우파-좌파 '대연정'의 파트너로 삼을 가능성이 있는 사회민주당SPD, 친기업적 자유민주당FDP, 녹색당은 동성 결혼을 연정의 조건으로 내걸었고, 이에 대해 메르켈은 동성 결혼에 대한 의회 표결을 지지한다고 말했다.[111] 보수 정당의 분열과 분명한 메시지를 제시하지 않은 독일 교회의 패배는 동성혼 합법화로 이어졌다. 한국 교회는 이러한 문제를 결코 간과해서는 안 될 것이다.

3. 일본의 사례와 시사점

일본 도쿄에서는 시부야구 구청장선거에서 '생활동반자'와 관련한 조례 제정이 선거의 주요 쟁점이 되었고, 진보 정당공산당이 지방선

거에서 승리한 후, 2015년 2월 동성 커플에게 '결혼에 상당하는 관계를 인정하는 증명서'結婚に相当する関係と認めて証明書를 발급하는 것을 주요 내용으로 하는 조례를 제정하기에 이르렀다.[112]

일본국 헌법 제24조 1항은 "혼인은 양성의 합의에만 의거하여 성립하고, 부부가 동등한 권리를 갖는 것을 기본으로 하며, 상호 협력에 의하여 유지되어야 한다"라고 명시하고 있다.[113] 헌법상 양성을 기초로 한 혼인 조항의 존재와 동아시아 유교 문화에 기반한 혈연중심의 혼인과 가족 문화의 영향으로 보수적 이론과 입장이 강세를 보이던 일본이 변화하고 있다. 그러나 이러한 조례 제정은 유교적 혈연주의를 기초로 한 혼인과 친족에 관한 법체계를 고수하는 보수 정당과 시민 사회의 보수적 의견을 극복할 수 없었던 진보 정당이 지방선거 승리에 따라 실험적으로 추진한 것으로써 법체계 내재적 정합성 등을 고려하지 않은 급진적 정치 행동에 불과한 것이라고 평가할 수 있다.

한국에서는 도쿄 시부야구 조례 제정 이후 "양성평등 기본법"을 기초로 LGBT 성소수자의 권리를 명시한 조례 제정이 시도되었다.[114] 일본 진보 정당의 정치 운동을 추종한 한국의 진보 정당과 지방자치단체는 '양성평등'을 기초로 한 "양성평등법"을 근거법률로 삼아 조례 제정을 시도하는 성급한 태도를 보였고, 기독교계 등 보수적 시민 사회 단체의 반대에 부딪혀 그 시도는 백지화 되었다. '양성평등법'의 입법 목적을 일탈한 무리한 유추 해석을 기초로 한 조례 제정의 시도와 같은 정치 운동은 법치의 헌법체계적 정합성의 추구라는 차원에서 지양되어야 한다.

일본은 보수적 법해석을 유지하는 사법부를 우회하여 (의회 역시 자민당의 확고부동한 보수적 태도로 변화를 기대하기 어렵기 때문에) 진보 정당의 주도로 조례 제정을 통해 변화를 시도하는 양상을 보였다. 다시 한 번 강조하지만, 정치적 목적을 가지고 일본과 한국에서 시도되었던 기존 법체계와 충돌할 수 있는 내용의 급진적 조례 제정은 법체계의 정합성에 반하는 것이라고 할 수 있고, 헌법이 보장하는 지방자치 역시 헌법의 차원에서 법내재적 한계가 존중되어야 하기 때문에 용인할 수 없다고 본다.

4. 일본의 인권 관련법

일본의 인권에 관한 실체법은 일본국 헌법 3장, 그리고 일본이 비준 또는 가입한 제 인권 조약 등으로 볼 수 있다. 차별 금지법에 관하여서는, 평성25년(2013년)에 '장애를 이유로 하는 차별 해소의 추진에 관한 법률'이 제정된 것 이외에는 특별한 차별 금지법을 찾아 볼 수 없다.

포괄적 차별 금지법의 입법을 동일한 사안에 대한 중복 규정이라고 생각하는 일본의 태도는 참고할만한 가치가 있다. 한국도 학생인권조례나 차별 금지법의 입법시도에 대해 중복 규정이라고 강력하게 반론을 펴야 할 것이다. 노동기준법, 직업안정법, 남녀고용기회균등법, 교육기본법 등에 부분적인 차별 금지 규정이 들어있다.

5. 일본의 동성애 관련 소송과 법률 및 조례[115]

1) 후츄 청년의 (府中青年の家事件) 집 사건

① 사건 개요

법정에서 다루어진 최초의 동성애 관련 사건이다. 한 동성애자 단체 움직이는 게이와 레즈비언의 모임. 이하, '아카'에 대해 도쿄도립 숙박시설인 "후츄 정년의 집"府中青年の家 - 현재는 폐쇄이 이용을 거절1990년 3월했다. 이에 대해 아카 측이 도쿄都를 상대로 손해 배상을 청구하는 소송을 제기 함91년 2월. 1심94년 3월 판결과 항소97년 9월 판결 모두 아카 측이 승소했다.

② 판결문의 내용

1심 판결문에서는 '동성애에 대하여'란 항목을 만들어 8페이지나 할애하였다. '동성애란, 인간이 가지는 성적 지향의 하나이며, 성적 의식이 동성에 향해 있는 것이다. 이성애란, 성적 의식이 이성에 향해 있는 것이다'라고 설명했다. 현재 한국에서 사용하고 있는 '성적 지향'이라는 용어가 번역어로써 일본에서 처음 등장했다.

2심에서 법원은 "1990년 당시는 일반 국민도, 행정당국도 동성애 또는 동성애자에 대해 무관심했고, 정확한 지식도 없었던 것으로 생각된다. 그러나 일반 국민과 다르게 도교육위원회를 포함한 행정 당국은 그 직무를 행함에 있어 소수자인 동성애자를 염두에 두어 세심한 배려를 할 필요가 있었다. 동성애자의 권리, 이익을 충분히 옹호할 것이 요구된다. 무관심했고 (동성애와 동성애자에 관한)

지식이 전무했다는 것은 공권력을 행사하는 자로서 용납할 수 없는 일이다. 이것은 현재는 물론 1990년 사건 당시도 마찬가지이다"라고 판시했다. 도교육위원회에도 그 직무를 행함에 있어 과실이 있었다고 보아야 한다고 보았다.[116]

2) 성동일성장애자에 대한 성별 취급 특례법

2003년 '性동일성장애자에 대한 성별 취급의 특례에 관한 법률'의 제정으로 출생 당시 호적상 동성이었던 사람 간, 한 쪽 당사자가 이성으로 성전환을 한 경우에는 결혼이 가능하게 되었다.

3) 미야노코죠市의 조례

2003년 12월 미야자키현 미야노코죠市都城市는 '성적 지향'이란 단어를 포함한 '남녀공동 참여 사회 만들기 조례'를 제정했다. 하지만 3년 후인 2006년, 미야노코죠市의 市町村(시·읍·면)합병 협의와 더불어 이 조례를 개정하게 되었다. 개정된 조례에는 '성별 또는 성적 지향에 관계없이'란 부분이 삭제되고 '모든 사람'이라는 문구만 남게 되었다. 보수적인 시민들의 반대가 개정을 이끌어 내었다.

6. 일본의 동성애 인권 운동과 동성혼

1) UN 결의가 일본에 끼친 영향

일본 내 동성애자는 약 270만 명으로 추산된다. 이는 20세-59세 인구의 약 4%를 차지하는 비율이다.[117] 일본은 현재 동성 간의 혼인을 법적으로 인정하지 않고 있다(민법상 동성혼의 규정자체가 없음). 혼인과 유사하거나 동등한 권리를 동성 커플에게 인정하는 Civil Union 제도도 인정하지 않는다.[118]

1990년대 이후 여론몰이를 할 정도로 영향력은 없지만, 동성애자들을 중심으로 동성 간 파트너쉽 보호를 위한 Civil Union 법제 도입 운동이 출현했다. '인권 교육을 위한 UN 10년'1995년-2004년 결의의 영향으로 일본 정부도 1997년에 국내행동계획을 책정했다. 당시 도쿄도지사 青島幸男아오시마 유키오는 1999년 2월에 '인권 시책 추진의 바람직한 자세에 대한 전문 간담회'를 개최했다. 이 간담회는 약 1년간의 논의 거쳐 2000년 1월에 石原慎太郎이시하라 신타로지사에게 '동경도의 차후 인권 시책의 바람직한 자세에 대해'란 제안서를 제출했다.

이 제안서 초안에는 '동성애자', '성동일성장애자', '인터섹스' 등의 성적 소수자에 대한 인권 시책의 필요성이 명기되어 있었다. 하지만 이 제안서는 이후 도청내부의 논의를 거쳐, 결국에는 '성적 소수자'란 문언만 남고 '동성애자'란 단어는 삭제되었다. 도쿄도가 밝힌 삭제 사유는 아래와 같다.

ⓐ 동성애자의 인권을 '인권지침'에 포함시키는 것이 아직은 도민들로부터 이해(지지)를 얻지 못하고 있다. 마이니치 신문이 1996년에 실시한 여론조사에서도 도민의 약 70%가 '동성애는 용인할 수 없다'고 대답하였다.
ⓑ 뉴욕에서 개최된 'UN여성회의'에서도 동성애자의 인권이 문서에 포함되지 않았던 점 등, 국제적으로도 평가가 분분하다.

도쿄도에서는 "성적 소수자"라는 용어를 공무에 사용할 때 "동성애자"를 포함시키지 않았다. '성동일성장애자'나 '인터섹스' 등 질병으로 인식하는 경우에만 후생·복지의 차원에서 '돌봐준다'라는 차원이다. 동성애는 개인적인 성적 취향에 불과하기 때문에 도청이 관여할 문제가 아니라는 입장이 명확하다. 이후 2000년 4월에 도쿄도가 실시한 [인권 시책의 추진]에 관한 설문조사 결과를 살펴보면, 존중되고 있지 못한 인권에 대한 답변 비율이 가장 높았던 항목은 ⓐ 범죄 피해자와 그 가족(81.5%), ⓑ 동성애자와 성동일성장애자 등(69.1%) 순이었다. 이에 대해 2000년 7월 17일, 진보성향의 아사히 신문은 석간에서 '흔들리는 〈동성애〉자의 인권'이란 표제로 도쿄도가 인권지침에서 동성애자를 삭제한 것을 보도·비판했다. 이러한 언론의 비판으로 도지사는 이 문제에 대해 재검토할 것을 약속했다.

최종적으로 2001년 11월에 '도쿄도 인권 시책의 추진 지침'이 발표되었는데, '도쿄도의 인권 문제 상황'을 논하는 부분에서 인권 시책이 필요한 대상자를 열거하였다. '여성', '어린이', '고령자' 등을 열거한 뒤 마지막에 '그 외'라는 카테고리 안에서 성동일성장애자와 동성애자에 대해 언급했다. 언급한 내용은 "性동일성장애자에 대한 편견이 존재합니다. 희롱이나 모멸적인 언동, 고용면에 있어 제한이나 차별, 성의 구분을 전제로 한 사회생활상의 제약 등의 문제가 있습니다. 또한, 최근 동성애자를 둘러싼 여러 문제가 제기되고 있습니다"이다.[119]

"동성애자"에 대해서는 여러 가지 문제가 제기되고 있다는 정도로 표현하고 구체적인 언급은 피하였다. 한국에서는 별로 대중적으로 알려지지 않은 '성동일성장애'는 말 그대로 장애 또는 질병으로써 복지 차원에서 다루어지고 있다. 한국도 일본을 참조하여 질병이나 장애로 이러한 문제를 다루는 체계를 확립해야 한다.

2) 인식의 변화

일본도 동성애자에 대한 인식이 점차 관용(寬容)적으로 변하고 있다. 동성애에 대한 관용도 변화는, 1990년 평균 2.45에서(10에 가까울수록 관용적, 1에 가까울수록 不관용적) 2005년 4.77까지 상승했다. 2005년도 결과만 봤을 때 한국, 미국보다도 관용적인 태도를 취하고 있다.[120] 위에서 도쿄도의 사례를 본 것과 같이 일본은 좌파성향 언론에 대응하는 보수적 시민 단체의 활동이 미진하다.

시민 운동이나 정치 운동의 성향이 한국과 다르게 급진적이지 않은 일본의 특성상, 동성애 인권 운동의 효과가 느린 것처럼 보이지만 시민들의 의식이 관용적으로 변화하고 있는 것은 보수적인 관료들이 더 이상 견고하게 방어하기 어려워지고 있다는 것을 암시한다.

3) 동성혼에 관한 학설

2004년에는 일본에서 처음으로 '동성간 파트너쉽의 법적 보호에 관한 당사자의 요구 조사'가 이루어졌다.[121] 일본의 동성애 단체들은 기존 법률이 보장하고 있는 법률혼 부부의 권리를 동성 커플에게도 동등하게 적용해 달라는 요구를 하고 있다.[122] 그 내용을 정리하면 다음과 같다.

(a) 배우자 사망 시 상속인이 될 권리(민법 제890조)
(b) 공적 의료보험의 피부양자로서 급부를 받을 권리(건강보험법 제110조 등)
(c) 공적 연금의 被부양 배우자로서 제3호 피보험자가 될 권리 (국민연금법 제7조)
(d) 공적 연금의 사망 일시금을 받을 권리(국민연금법 제52조의 3.)
(e) 산재보상 제도의 유족보상급부·유족급부의 수급 자격을 얻을 권리(노동자 산재보상 보호법 제16조의 2 제1항)
(f) 소득세의 배우자 공제·배우자 특별공제의 대상이 될 권리(소득세법 제83조, 제84조)
(g) 의료비 공제를 위해 의료비의 합산을 배우자의 것과 함께 할 수 있는 권리(소득세법 제73조)
(h) 배우자가 외국인일 경우, 일본으로 귀화 가능한 권리(국적법 제7조)
(i) 배우자로부터 폭력을 당했을 경우 법률상 보호를 받을 권리 (배우자에 의한 폭력 방지 및 피해자 보호에 관한 법률)

2014년 6월 5일 아오모리현 아오모리 시에서 레즈비언 커플이 혼인신고서를 제출했으나 아오모리市 측은 일본국 헌법 24조를 근거로 이 커플의 '혼인신고서'를 수리하지 않았다.[123]

① 일본국 헌법 24조 1항

'婚姻は'両性の合意'のみに基いて成立し'夫婦が同等の権利を有することを基本として'相互の協力により'維持されなければならない'' '혼인은 양성의 합의에 의해서만 성립하고, 부부가 동등한 권리를 갖는 것을 기본으로 하며, 상호 협력에 의하여 유지되어야 한다.' 수도도쿄대학도쿄대학과 다른 대학임 기무라 소타木村草太 교수가 헌법 24조의 해석에 대해, "헌법은 동성혼을 금하고 있지 않다"라고 반론을 제기했다.[124]

기무라는 "'양성의 합의에 의해서만'이라는 문언이 오해의 소지를 불러일으키는 원인이라고 생각합니다만, 이는 옛날 가장家長의 허락 없이는 혼인이 성립되지 않았던 풍습이 있었던 것에 이의를 제기한 것입니다. 이 조문의 '양성'이란 것은 '결혼하는 당사자'란 의미로, 동성혼을 인정하지 않는다는 의미가 아닙니다"라고 주장했다. 기무라 소타 교수 외에도 일본국 헌법 제13조와 14조를 근거로 동성혼 금지가 위헌이라는 주장이 있다. 헌법 제13조와 14조의 내용은 다음과 같다.

헌법 13조 (개인의 존중·행복추구권·공공의 복지/すべて国民は'個人として尊重される'生命'自由及び幸福追求に対する国民の権利については'公共の福祉に反しない限り'立法その他の国政の上で'最大の尊重を必要とする'모든 국민은 개인으로서 존중된다. 생명, 자유 및

행복추구에 대한 국민의 권리에 대해서는 공공의 복지에 반하지 않는 한, 입법과 그 외의 국정에 있어서 최대의 존중을 필요로 한다.

헌법 14조 1항 (법 아래 평등/すべて国民は法の下に平等であって 人種'信条'性別'社会的身分又は門地により'政治的'経済的又は社会 的関係において'差別されない゚:

모든 국민은 법 아래 평등하며, 인종, 신조, 성별, 사회적 신분 또는 가문에 의해 정치적, 경제적 또는 사회적 관계에 있어 차별 받지 않는다.[125]

② 일본 헌법 해석

동성 결혼에 대한 헌법학계의 다수설은 동성혼 "불성립론"이다. 그 논거를 정리하면 다음과 같다.[126]

ⓐ 제1설 (혼인의사 결함설) : 동성 간에는 '사회 통념상의 혼인을 할 의사'인 혼인의사가 존재할 수 없으며, 따라서 혼인이 성립하지 않는다고 보는 견해이다. 가령 학문을 아내라고 한다거나, 예술과 결혼했다라고 하는 것은 일종의 비유에 지나지 않으며, 진정한 혼인의사로 볼 수 없는 것과 마찬가지로 동성 간의 혼인은 '혼인의 법률 요건'으로서는 부정되어야 한다.

ⓑ 제2설 (혼인 장애 해당설) : 동성 간에 혼인의사가 존재할 수 있음을 인정하면서도, 동성혼은 혼인 장애에 해당하는 것임으로 무효라고 보는 견해이다. 일본의 현행법은 문언 상에서도 '부부', '부', '처'라는 용어를 사용하여 남녀를 구별하고 있다. 또한 혼인법과 친자법도 남자와 여자를 기본으로 한 부부와 그 사이의 아이를 전제

로 입법되었다. 동성 커플을 보호 대상으로 인식하여 입법이 이루어진 것이 아니다.

6. 각 정당의 견해 [127]

동성애자 인권 운동 단체인 レインボー_プライド愛媛[레인보우 프라이드 에히메]가 2014년 중의원 선거 전 각 당에 송부한 '성적 소수자에 관한 공개 질문'에 대한 회답결과는 다음과 같다(2014년 12월 4일).

> 질문 Q8. 해외에서는 동성 결혼이나 동성끼리도 부부와 동등한 사회보장을 받는 제도가 확산되고 있습니다. 성적 소수자도 사랑하는 사람끼리 인생을 함께 걸어가고 싶어 합니다. 하지만 상속, 사회보장 등에 대한 불안이 있습니다. 일본은 어떤 방향으로 나아가야 한다고 생각하십니까?
>
> ▶ 자유민주당 : 이러한 제도(부부의 권리를 법적으로 보호하는 제도)는 이성(異性) 간의 것이어야 하며, 동성 커플에 관한 문제는 부부라고 볼 수 없으므로 제도가 특별히 필요하지 않다.
> ▶ 민주당: 성적 소수자의 의지를 존중할 수 있도록 향후 검토해 나가겠다.
> ▶ 유신당 : 회답 없음.
> ▶ 공명당 : 대답 할 수 없음/모르겠음
> ▶ 차세대당 : 동성 간에도 혼인 제도를 적용할 수 있도록 해야 한

다.

▶ 일본공산당 : 현재의 결혼과는 다른 제도의 도입이 필요하다. 이성·동성을 막론하고 이용할 수 있는 파트너 제도가 생겨야 한다.

▶ 생활당 : 회답 없음.

▶ 사회민주당 : 차세대당·일본공산당과 같은 의견.

▶ 2012년 조사에서는 자유민주당(위와 같음), 민주당(대답할 수 없음/모르겠음) 이란 결과가 나왔다.

일본도 공산당과 사회민주당 등 좌파 정당이 기존 혼인 제도의 변경과 동성 간 파트너쉽을 제도화 하는 것을 지지하고 있다.

8. 도쿄 시부야구 동성 커플 조례(同性カップル条例)

1) 조례의 성립

2014년 3월 31일 일본 도쿄 시부야구 의회 본회의에서 자민당 소속의 의원들의 반대를 뚫고, 결혼을 원하는 동성 커플에게 결혼에 상당한 관계結婚に相当する関係と認めて証明書임을 증명하는 증명서 발급을 주요 내용으로 하는 조례가 가결되었다. 이 조례는 일본의 첫 사례이기 때문에 세계적인 관심을 끌고 있다. 일본 공산당이 주도한 이 조례는 공명당과 민주당이 합세하면서 가결되었다. 보수 시민들의 반대 운동과 자민당 보수 의원들의 반대 운동에도 불구하고 좌파연합으로 조례 가결에 성공했다.

4월 26일 전국지방선거, 시부야구 구청장 선거에서 이 동성 커플 조례가 최대 쟁점이 되었다. 자민당과 민주당 후보가 낙선하고 이 조례의 지지자인 "하세베 겐" 후보가 당선되었다.

2) 조례의 내용

조례가 갖는 한계로 인해 LGBT성소수자의 권리에 대한 선언적인 내용으로 구성되어 있으나, 공공임대 주택 등 구청이 추진할 수 있는 구체적인 내용도 있다. 결혼을 원하는 동성 커플에게 증명서 발급한다. 증명서를 발급받은 동성 커플에 대해 정상적인 가족과 동일한 자격으로 구청이 제공하는 공공임대주택 입주자격을 부여한다.

사업자고용주의 책무로서 일체차별 금지. 인사와 채용에서 차별을 금지임금, 승진, 고용한다. 병원 입원 시 정상적인 배우자와 동등하게 입원동의서, 수술동의서에 동의할 수 있는 권한을 부여한다. 회사의 결혼 축의금 지급 등에 있어 동등하게 지급한다. 조례의 특성상 법률과 같은 "강행법규력"이 없다는 것을 인정하면서도 이것을 시작으로 법률 수준의 전국적 입법도 가능하다고 전망하고 있다.

이제 본격적으로 한국 좌파의 계보와 위험성을 파악하고 이들이 동성애 정치 투쟁을 전개하는 정치적 목적을 살펴보도록 하자.

chapter
03

한국 좌파의
계보와 사상

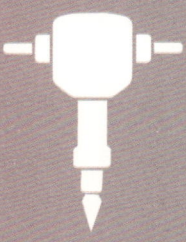

THE DECONSTRUCTION OF
CHURCH
AND GENDER IDEOLOGY

03
한국 좌파의 계보와 사상

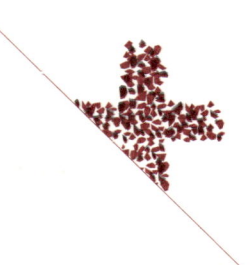

I. NL(주사파)과 PD(레닌주의파)

1. NL계열 좌파 계보

① NL(National Liberation)이란 무엇인가?

운동권 출신 한기홍이 밝힌 NL의 실체는 선량한 시민들을 깜짝 놀라게 할 만한 내용들이 가득하다. 지면의 한계상 모두 밝힐 수는 없지만 대표적으로 '일심회' 사건을 소개하면 다음과 같다. '일심회'는 1차적으로 남한에서 '통일전선체'를 구축함으로써 궁극적으로는 남한에 자주적 민주정부를 수립한 후 연방제 통일을 완성하는 데 도움을 주는 것을 목표로 삼고 있으며 강령은 북한의 '한민전'[128] 10대 강령을 그대로 인용하고 있다. '일심회'는 해산된 통합진보당의 전신인 민주노동당을 장악해 장군님이 직접 영도할 수 있도록 획득하는 것과 민노당의 정강을 북한의 원칙과 요구에 맞도록 변경하는 것, 그리고 민노당 주도로 대규모 통일전선 건설 등을 목표로 하였다. 민노당이 통진당과 정의당으로 분당하게 된 원인도 바로 2006년 '일심회' 사건으로 구속된 간첩들의 당원권 관련 논쟁 때문이었다.[129]

NL의 출발이 남한의 자생적 좌파 운동권 조직이 주체사상을 저항 이데올로기로 수용하는 과정이었기 때문에 북한과의 관계는 어쩌면 본질적이라고 할 수 있다. 이들은 지금도 남한 내에서 다양한 형태로 활동하고 있으며 고위 공직에도 취임하여 주한미군 철수와 통일전선체 구축에 힘을 쏟고 있다. 국회의원이었던 이석기를 떠올려보면 쉽게 이들의 정체를 이해할 수 있다.

북한과의 직접적 연계는 일본 언론을 통해 드러난 바 있다. 일본 언론을 인용해 보도한 조선일보의 기사를 소개하면 다음과 같다. 이 사건이 보도된 시점이 2016년이라는 것은 충격인 동시에 우리가 안일하게 안보 문제를 인식해서는 안 된다는 것을 여실하게 보여주고 있다.

> 북한이 1990년대 후반부터 20년 이상 조총련 계열 대학교수를 통해 옛 통합진보당 등을 대상으로 한국 내 공작을 벌여온 것으로 파악됐다고 요미우리 신문 등 일본 언론이 2일 보도했다. 일본 언론에 따르면 경시청 공안부는 작년 6월 실업 급여와 관련한 사기 혐의로 도쿄 고다이라시에 있는 조선대학교 전 경영학부 부학부장 박재훈(49) 씨의 자택을 압수수색했다. 조선대학교는 조총련계 교육기관이다. 일본 경찰이 이때 확보한 컴퓨터를 분석한 결과, 북한의 대남 공작 기구 '225국'으로부터 받은 이메일과 지령 문서, 종북(從北) 혐의 등으로 해산된 옛 통합진보당 전직 간부가 박 씨에게 보낸 활동보고서와 이메일 등이 있었다. 225국이 지난 2007-

2008년 박 씨에게 지시한 문서에는 '한국 대선을 통해 친북 정당의 주장을 침투시켜라'는 등의 내용이 들어 있는 것으로 전해졌다. 박 씨는 지난 2000년부터 225국의 지시를 받고 일본 내에 대남 공작 활동 거점을 구축했으며, 중국에서 북한 공작원과 직접 접촉하기도 한 것으로 파악됐다. 일본 경찰은 박 씨가 한국의 방첩망을 피해 일본을 거점 삼아 한국 내 공작을 지휘했을 것으로 보고 있다고 요미우리 신문 등은 전했다. 박 씨는 2일 사기 혐의로 경찰에 체포됐다. 일본 경찰은 대남 공작 중계 행위는 일본 법률에 저촉되지 않아 사기 혐의에 대해서만 사법 처리를 할 계획인 것으로 알려졌다.[130]

NL은 1980년대 주사파 이론가 김영환이 작성한 강철서신 등을 통해 철저하게 김일성 주체사상을 학습한 운동권 세력을 중심으로 결집된 남한 최대의 좌파 세력이다. 1982년 부산 미문화원 방화사건과 1983년 10월 29일 민주화운동청년연합民靑聯-민주통일민중운동연합民統聯 사건 이후 산발적으로 반미 투쟁을 중심으로 남한에서 학생 운동이 전개 되었다.

반미 학생 운동이 체계화 되고 이론화 되면서 NL은 전대협을 구성하고 전대협의 중심 세력으로 부상한다. 이들의 이념과 이론은 "1980년대 혁명 투쟁의 인식과 전략 (줄여서 '인식과 전략')"에 잘 나타나 있다. '인식과 전략'은 한국 사회를 (신)식민지로, 군부정권을 제국주의 대리 통치 세력으로, 한국 경제를 예속적 국가독점자본주의로 규정하고 있다. 당시 대학생들에게 '인식과 전략'은 급속도로 퍼져나간다. 이들은 한국 사회의 모순을 미국 일본의 제국주의와 한국 민중 간의 민족적 모순으로 설명했다.

이들이 제시한 구체적 과제는 민족주의 혁명, 반파쇼민주주의 혁명, 민중해방 혁명, 북한과의 통일적 혁명이다. 북한과의 대화를 주장하고 미군 철수 운동을 벌이는 동시에 사드배치를 반대하는 사상적 근거는 사실상 NL의 역사관과 혁명관을 현실 정치에 반영한 결과이다. 이들의 혁명은 지금도 진행 중이다. 김일성이 유일영도체제를 만드는 과정에서 초창기 자신의 참모들에게 '사회주의'라는 용어를 사용하지 못하게 한 일화는 유명하다. 주체사상의 '통일전선전술'은 중도파들을 포용하기 위해 '사회주의'라는 용어대신 '진보적 민주주의' 또는 '진정한 민주주의'라는 용어를 사용하게 하였다. 이들은 중도 세력을 포섭한 후 권력을 장악하면 숙청하는 방식으로 독재 체제를 구축했다. 따라서 우리는 이들의 위장이나 변신에 속지 않도록 항상 경계심을 늦춰서는 안 될 것이다.

무림-학림, 자민투-민민투 등의 세력관계를 보여 오던 학생 운동이 '전대협'을 중심으로 NL의 지배력이 강화되는 구조로 최종 정리 되었다. 주사파 즉 해산 된 통합진보당의 주류세력과 그 지지세력, 친노그룹 정치인들, 과거 대학생 조직인 전대협과 한총련의 다수파, 조국통일범민족청년학생연합범청학련, 조국통일범민족연합범민련, 한국진보연대, 민권연대, 민주노동자전국회의 등이 NL계열이다.

NL은 어려운 정통 레닌주의 이론을 설파하던 PD와 달리 '민족'을 내세워 대중화에 성공하여 운동권 진영의 다수파를 형성했다. 사법부에 의해 이적 단체로 규정된 범민련은 문익환 목사의 영향력으로 인해 한신대 출신 좌파 성향 목사들과 깊은 관련을 맺게 된다.

NL은 한-미-일 동맹의 한 축을 끊기 위해 반일 감정을 이용하기도 한다. 역사적 아픔인 위안부 할머니들조차 이들에게는 정치적 전략의 대상이 된다. 위안부 문제를 다루고 있는 '정대협'이라는 단체를 이끌고 있는 세력을 분석한 미래 한국의 기사를 눈여겨 볼 필요가 있다.

2011년 12월 '정대협'이 '김 국방위원장 서거라는 급작스러운 비보에 북녘 동포들에게 깊은 애도를 전한다'는 조전弔電을 북측에 전달한 사실을 밝히는 것으로 시작하는 이 기사는 정대협 지도부의 정체를 상세하게 설명했다. 상임대표 Y의 남편은 1994년 남매 간첩단 사건으로 징역 4년을 선고 받은 K이고, S 대외협력위원장 남편 H는 맥아더 동상 철거집회 등 각종 반미 투쟁을 주도하다가 실형을 선고 받았다. S 대외협력위원장은 40여 차례 방북했고, 통진당 해산 결정 반대 시위를 주도했다.[131]

② 주요 인물과 사건

대표적 사건으로 1988년 반미청년회 사건이 있었다. 이 사건은 전대협의 핵심 주사파들이 관련된 사건이다. 이 사건에는 전·현직 국회들이 당시 운동권 핵심으로 많이 참여했다. 1986년 주사파 사건인 구국학생연맹 사건구학연에도 전·현직 국회의원들이 연루되었다.

1989년 7월 1일 임수경-문규현 밀입북 사건이 있었다. NL 출신들의 사상적 전향 여부가 확인되지 않은 채 국회의원과 주요 공직을 차지하고 있는 것이 한국의 위험한 현실이다.

동성 결혼 이벤트를 주도하고 동성애 정치 투쟁을 벌이고 있는 김조광수김광수 감독도 전대협의 NL 출신이다. 1990년 이후 범민련, 범청학련 통일 운동 사건을 거치면서 NL은 통일 운동에 집중하게 된다.

2. PD계열 좌파 계보

① PD란 무엇인가?

PD는 민중민주파People's Democracy를 말한다. 이들은 NL노선에 반대하고 NL과 맞섰던 '제헌의회파'의 한계를 비판하면서 등장한다. NDR민족민주혁명 노선을 추종하는 세력이 다수로 레닌주의자들이다. 소수의 트로츠키파도 있었다. 대표적으로 남한사회주의노동자동맹사노맹과 전국민주주의학생연맹전민학련이 있다.

② 주요 인물과 사건

대형 사건으로는 1992년 남한사회주의노동자동맹社勞盟 사건이 있다. '사노맹'은 레닌주의 NDR이 조직한 자생적 사회주의 조직으로 남·북한 정권을 모두 비판하는 노선을 채택했다. '사노맹'은 1991년 3월 10일 시인 박노해가 구속되고, 다음해인 1992년 4월 29일에 백태웅을 비롯한 중앙위원과 주요 간부 전부가 국가 안전기획부에 의해 구속되었다. 총 300여 명이 구속된 해방 이후 최대의 사회주의 지하조직 사건으로 평가된다.

3. NL과 PD 출신 좌파들과 새로운 좌파들

1) '강남 좌파'의 등장

'강남 좌파'라는 용어는 J 교수를 좌파 언론 오마이 뉴스의 오연호 기자가 인터뷰 한 것을 『진보 집권 플랜』이란 책으로 출판하면서 등장한 '신조어'이다. 전대협의 80년대와 한총련의 90년대의 계보를 잇는 기존의 NL과 PD의 영향은 받았으나 직접 가담하지는 않았던 신세대 좌파가 출현한다. 68혁명 후 형성된 서구 좌파의 인권 사상을 교수가 된 386 운동권 세력으로부터 전수받은 신세대 좌파들의 등장인 것이다.

68혁명 이후 유럽과 미국에서 형성된 히피 문화를 포함하는 저항적 좌파 인권 사상을 수용한 신세대 좌파들이 기존의 NL·PD출신 세력들과 연대하게 된다. 이들은 공장에 위장 취업하는 이미지의 80년대 좌파가 아니라 세련된 연예인이나 좋은 학벌을 기반으로 전문직 종사자로서 여유 있는 생활을 하는 이미지로 급부상한다. 유럽과 북미의 좌파 사상을 추종하여 인권 운동과 정치 운동을 하는 새로운 좌파 이미지가 형성 되면서 신세대들의 지지를 획득할 수 있었다.

한국 사회에서 80년대 386운동권 세대가 유럽의 68세대처럼 정치·경제·사회·문화 전 분야에서 핵심 세력으로 부상하면서, 특히 학계가 이들에 의해 장악되면서, 이들에 의해 신세대 좌파들이 대학에서 양성되고 네트워크를 형성하여 단결하는 양상이 전개된다. 이들은 앞에서 검토했던 푸코와 데리다 등의 철학과 정통 마르크스-레닌주의를 가르치고 확산시키는데 주력했고, 학계와 법조계를 포함한 사회 지도층 인사들로 성장하는 가운데 급진적 사상을 추종하는 신세대 좌파가 육성되었다.

2) 유럽 좌파를 모델로 삼은 차세대 좌파들

1990년대와 2000년대의 대학가에서 자연스러웠던 유학이나 어학연수 등을 통해 동성애 문화를 접하고 호의적인 관심을 갖게 된 경우도 있다. 좌파 이론가들의 논쟁에서 68혁명이 신자유주의를 역설적으로 강화시켰다고 비판하거나 정치적 차원에서는 실패했다는 주장이 자주 제기되었지만, 이구동성으로 동의하는 것은 '문화 혁명'으로서의 68은 대성공이었다는 것이다. 그 이유는 젊은이들의 정신을 획기적으로 전환한 문화 혁명이었기 때문이다. 여기서 말하는 성공적인 문화 혁명이란 기존의 기독교 문화로부터의 해방을 중심으로 한 "성적 해방"이 포함된다.

성적으로 억압되어 있던 한국의 NL과 PD 운동권 좌파들이 (성적 해방을 포함한) 68의 해방을 열정적으로 표현한 것도 이러한 맥락에서 볼 수 있다. 성적으로 80년대 운동권 선배들보다 훨씬 개방적인 신세대 좌파들은 동성애를 자연스럽게 수용하고, '성소수자의 권리'라는 차원에서 기획된 인권 운동에 참여하거나 지지하게 되는 구조를 갖게 된다. 서구에서 제도와 기술을 수입하는 것이 자연스러운 한국 사회의 특성이 이러한 상황을 더 가속화시키고 고루하고 낡은 기독교 문화와 대비되는 신선하고 세련된 문화라는 차원에서 '문화 혁명'은 신세대들에게 수용되었다.

3) 민변(민주 사회를 위한 변호사 모임)을 통해 본 좌파의 실체

민변의 활동을 확인하는 과정은 한국 사회에서 소위 좌파로 불리는 세력의 정체가 무엇인가를 알게 해 준다. 민변이 지원했던 대표적 사건은 다음과 같다. 임수경 방북사건 지원, 사노맹 사건 지원, 최근 이석기 사건 등 국가보안법 관련 사건 변론 및 각종 법률 서비스 지원 등이다. 대다수 국민의 상식에 반하는 이석기의 내란음모 등을 표현의 자유나 사상의 자유의 차원에서 옹호하고 있는 것이다.

또한 미국산 쇠고기의 위험성을 괴담으로 확산시켰던 세력을 도와 '미국산 쇠고기 수입 고시'에 대해 10만 명 국민청구인단 헌법소원도 이끌었다. 서울시 인권헌장 폐기에 항의하는 성소수자 인권 단체 등을 지원했고, 성북구 무지개센터 예산 불용처리에 대한 적극적 항의도 민변이 주도했다. 민변의 위원회 중에는 소수자인권위원회가 있고 이 위원회에서는 주로 성소수자 인권단체 및 개인을 지원하고 있다. 1980년대 NL과 PD 운동권 세력과 1990년대 이후 신세대 좌파 법조인들이 민변에 소속되어 활발하게 활동하고 있다.

4) 이슬람 지지와 확산 활동

한국의 좌파 단체들은 인권의 이름으로 2006년 이슬람 바로알기 운동을 전개하기도 했다. 이슬람에 대한 잘못된 이미지를 교정하고 평화의 종교인 이슬람과 협력하자는 취지로 이슬람문화연구소와 연대하여 대규모 시민강연을 기획·실행했다. '인권'을 내세우는 좌파 단체들은 이슬람 지지·확산 운동과 동성애 정치 투쟁, 그리고 반미 주한미군 철수 운동을 함께 하고 있다. 사실상 반미·반기독교를 위한 대연합·동맹을 이루고 있는 것이다.

미국산 쇠고기 문제, 평택미군기지 반대, 제주 강정기지 반대 운동

등 미국 관련 사건에서 반미의 목소리를 높이고 군대 내 인권 문제와 경찰 인권 문제에 천착하는 것도 같은 맥락이다. 이들은 한국성소수자문화인권센터를 비롯하여 각종 성소수자 인권단체와 연대하여 활동하고 있다. 루이 알튀세르가 부르주아 이데올로기 수호 기관으로 지목한 기관들은 집중 투쟁의 대상이 된다.

5) 좌파의 위험한 역사관

이들은 6·25를 통일 전쟁으로 보고 통일을 방해하기 위해 군사적으로 개입한 제국주의 미국을 적으로 규정하고 있다. 이러한 역사관의 배경은 주체사상과 남한을 미국의 식민지로 보는 뿌리 깊은 NL의 사상인식과 전략과 관련이 있다. 해산된 통진당의 이석기가 내란 음모를 꾸민 것도 표현·사상의 자유로 인정해야 한다고 주장하거나, 국가보안법 위반으로 기소되었던 강정구 교수가 주장하는 6·25 북침설과 통일 전쟁론도 사상의 자유로 용인되어야 한다고 주장한다.[132] 특히 문제는 한국의 기독교 세력이 극우반공세력으로서 미제국주의자들과 연결되어 통일을 방해하고 있다고 여기는 역사관이다.

이들이 주장하는 남북협력과 통일은 대다수 국민의 건전한 상식과 맞지 않는 것이다. 미제국주의자들을 배격하고 이들이 그토록 원하는 주한미군 철수를 완수했을 때 맞이하게 될 통일과 해방은 정녕 교회와 국가의 멸절을 의미한다.

이들은 민족의 화해와 평화를 저해하는 근본적인 요소로 반공과 한미 동맹을 중시하는 기독교 세력을 지목하고 있다. 결국 이러한 좌파 사상과 교회는 양립하기 어렵다고 할 수 있다. 이러한 상황에서도 이들을 지지하는 소위 기독교 세력이 있다는 것이 의아하지만 이것이 우리의 현실이기 때문에 진정한 기독교인들은 더욱 정신을 차리고 깨어 있어야만 한다.

4. 기독교계 좌파 세력

1) NL과 개신교

K 목사는 민중신학의 전문가이다. K 목사와 같은 사상을 공유한 분들은 한국 개신교를 '미국주의'로 규정하고 비판한다. 또한 한국 개신교를 소수자와 공산주의자에 대한 증오를 생산해 내는 반공주의 극우 세력으로 묘사한다. 이러한 내용을 담은 『시민 K, 교회를 나가다현암사』라는 책을 출판하기도 했다.

또한 그는 대표적인 좌파 인사들과 함께 교회를 극우 세력으로 규정하는 "지금, 여기의 극우주의자음과 모음"라는 책을 공동 저술하였다. 그는 이 책에서 한국 개신교를 시민 사회를 병들게 하는 극단적 극우주의 세력으로 묘사하고 있다. 이 책들은 공통적으로 미국적인 한국 개신교를 반미 정치 투쟁의 선결 과제로 인식하고 비판하고 있다.

① 향린교회

향린교회는 동성애와 기독교가 화해할 수 있다는 논리를 동성애 인권 활동가들에게 제공하고 있다. Y 목사는 '퀴어신학'을 주창하면서 제주해군기지반대 운동 등 반미 투쟁을 동시에 벌이고 있다.

NL과 PD에서 전향한 구좌파들과 신세대 좌파들이 추종하는 유럽의 좌파 사상들은 포스트모더니즘 시대의 좌파 사상이다. 서구의 자유 민주주의 체제와 자본주의에 대한 비판의식과 반기독교, 반미를 위한 정치적 연대를 통해 이슬람 옹호 운동, 성 정치의 일환으로서의 동성애 정치 투쟁이 연대하여 이루어지고 있다.

II. 한국의 좌파 세력의 반미·반기독교 투쟁과 전략 전술

미제국주의의 배후세력인 기독교를 파괴하는 것은 이들의 중요한 투쟁 목표이다. 이러한 목표를 달성하기 위한 연대 전략으로 이슬람 테러리즘을 옹호하고 다문화라는 명분으로 이슬람 이주민들의 이민을 장려한다. 동성애 정치 투쟁을 전략적으로 활용하여 함께 연대한다. 시민 운동과 인터넷 활동을 통해 교회의 부정적인 내용을 확산시키고 교회를 파괴하는데 동조한다.

1. 좌파 NGO와 정당의 위험성

구소련과 동구권의 붕괴, 북한의 실상이 알려진 이후 투쟁 노선과 전략 전술을 상실한 한국의 좌파_{주로 NL 주사파}들이 유럽 신좌파의 '성 정치', '성 혁명'이 젊은 층을 흡수하는 파괴력을 인식하고, 이 방향으로 투쟁 노선을 전환했다고 보아야 한다. 해산된 통진당의 K 전 의원이 지속적으로 차별 금지법 입법을 위해 노력했고, 동성 결혼식을 지지했다는 사실에 주목할 필요가 있다.

국내의 모든 좌파 정당이 유럽의 좌파 정당을 본 떠서 '성 정치위원회'와 '성소수자위원회'를 만들었다.

2. 좌파 정당들의 성 정치 위원회 현황

총선 때 '성 정치'를 선거를 위한 정책 이슈로 부각시켰다. 동성애자들이 스스로 정치 운동을 하는 것이 아니라, 동성애자들을 이용해 좌파 정당과 좌파 인사들이 정치 투쟁을 하는 전략을 취한다. 다음은 통합진보당 정OO 성소수자위원회 위원장과 동성애 인권단체의 인터뷰 중에서 발췌한 내용이다.

"19대 총선이 코앞이다. 선거 때마다 성소수자 관련 정책이 공약집의 한 부분을 채우기 시작한 것도 벌써 8년 가까이 되어가는 듯하다. 2004년 민주노동당에서 최초의 성소수자위원회가 만들어진 이후로, 성소수자 운동은 진보 정당을 통해 성소수자 정책을 제안하거나 유권자로서 지지선언을 펼치기도 했다. 이후 진보신당에도 성 정치위원회가 만들어지고 2008년에는 최초의 레즈비언 국회의원 후보가 출마하면서 성소수자 정치 운동의 영역은 지속적으로 확장되어 왔다. 지난 시기 동안 성소수자들은 꾸준히 정치라는 영역에서 어떻게 존재를 부각하고 목소리를 낼 수 있을지 노력해온 것이다. 얼마 전에는 녹색당, 진보신당, 통합진보당 3당이 성소수자 정책연대를 선언하는 등 성소수자들은 본격적으로 정치 운동의 주체로 나서고 있다. 선거를 앞둔 시점에서 직접 정당

운동에 뛰어든 성소수자들은 어떤 계획과 포부를 가지고 있을까? 그 중 한 명인 정민석 통합진보당 성소수자위원회 위원장을 만나 보았다. 그는 오랜 동안 성소수자 인권 운동에 몸담아온 활동가인데 어떤 이유로 정치판(?)에 뛰어든 것일까? 미리 밝히자면 애초에 이 인터뷰는 진보 정당들의 성소수자 공약을 소개하려는 취지로 마련되었는데, 그런 내용은 각 정당 공약집이나 정책연대 내용에 참 꼼꼼하게 나와 있어서, 여기서는 성소수자가 정당 운동과 정치에 개입하는 과정에서의 어려움이나 앞으로의 과제에 대한 의견을 듣는데 더 집중했다."[133]

3. 한미FTA반대, 제주강정해군기지반대, 세월호 국민대책회의와 동성애 투쟁

성 정치·성 혁명·동성애 운동 단체들과 반미 정치 투쟁은 연대하여 이루어진다. 대표적인 성 정치 동성애 정치 투쟁 단체들은 다음과 같다.

      공익인권법재단 공감
      국제인권소식 '통'
      동성애자인권연대
      레주파
      망할 세상을 횡단하는 LGBTAIQ 완전변태
      성적소수 문화 환경을 위한 연분홍치마
      언니네트워크
      이화 레즈비언 인권 운동모임 변태소녀 하늘을 날다

지구지역행동네트워크
진보신당 성 정치위원회
차별 없는 세상을 위한 기독인 연대
통합진보당 성소수자위원회
한국게이인권 운동단체 친구사이
한국레즈비언상담소
한국성적소수자문화인권센터
한양대 LGBT 인권위원회(준)
HIV/AIDS 인권연대 나누리+

 800여개 단체가 함께한 "세월호 국민대책회의"의 구성을 보면 이들의 성격이 뚜렷해진다. 주로 한미FTA반대 범국민운동본부 소속 NL계열 각종 좌파 농민 단체들과 이적 단체 범민련 등 통일 운동하던 NL좌파들이 세월호 문제를 정치 투쟁의 전략으로 이용했다. 세월호 국민대책회의에 참여한 단체들은 한미FTA반대 운동, 제주강정 해군기지반대 운동, 평택미군기지반대 운동, 동성애 운동을 모두 함께 연대하여 진행한다. 청년들이 관심을 갖는 "성"과 "일자리" 문제를 부각시켜 좌파 정치 투쟁을 하는 것이 이들의 전략 전술이다.

 "세월호를 기억하자"라는 정치 슬로건을 내걸고 투쟁했지만, 해상 안전 시스템을 개선하거나 재난관리 체계를 효과적으로 개선하는 방향으로 나아가지 못했다. 사회적 재난이나 슬픔을 오직 정치 투쟁과 선동의 도구로 사용하는 정치 세력의 실체를 드러낸 것이라고 평가할 수 있겠다. "서해 페리호" 사건 이후 개선하지 못했던 해상 안전과 구조 시스템으로 인해 "세월호 사건"에서 귀중한 생명들을 잃게 되었음에도 불구하고, 한국 사회는 발전과 진정한 개혁을 멀리하고 애석한 죽음을 정치 투쟁의 전략 전술로 활용하는 좌파 세력의 프레임에 구속되어 진보하지 못하고 있는 것이다.

4. 반미 정치 투쟁과 동성애 투쟁

한미FTA저지범국민운동본부(이하 범국본)는 한미FTA 저지를 목적으로 결성된 좌파 단체의 연합체로, 2012년 3월 한미FTA가 공식 발효된 후에는 뚜렷한 활동이 없는 상태이다. 결성 당시, 전국연합·통일연대·민중연대 등 강성 좌파 단체들이 참여했으며, 이들 단체는 국가보안법 철폐, 주한미군 철수, 6·15선언 이행 등을 주장해왔다. 결국 "전국연합+통일연대+민중연대=범국본"이라는 도식이 만들어진다. 한미FTA가 미국에게 압도적으로 유리한 것으로 한국을 망하게 할 것이라고 선동하던 세력과 이들과 함께 활동하던 지식인들은 트럼프가 재협상하고자 하는 현 상황에 대해 뭐라고 변명할지 궁금하다. 그러나 이 무책임한 선동 세력은 침묵하고 있다.

범국본은, 지휘부는 물론 다수 실무진이 전국연합 한국진보연대의 전신 구성원들이었다. 전국연합은 국가보안법 철폐·주한미군 철수·연방제 통일을 주장하는 단체이다.

전국연합 대의원인 O(당시 전국연합 상임의장), J(당시 민중연대 상임대표), M(당시 전농 상임의장)이 범국본 상임대표를 맡았다. 역시 전국연합 대의원 출신인 H(당시 통일연대 집행위원장), P(당시 전국연합 집행위원), K(당시 민중연대 자주평화위원장), A(당시 전국연합 사무처장), J(당시 민중연대 사무처장), K(당시 전국연합 사무국장), K(당시 민중연대 정책국장), J(당시 전농 사무처장), C(당시 전농 정책위의장)은 범국본에서 각각 집행위원장, 교육특위위원장, 조직투쟁팀장, 조직투쟁팀원, 공동상황실장, 소식지 편집팀장, 정책기획팀장, 농축수산대책위집행위원장, 정책기획팀장을 맡았다.

전국연합 대의원은 아니지만 전국연합과 동일한 노선을 지향하는 '통일연대'와 '민중연대'의 간부인 P(한국진보연대 공동대표·당시 민중연대 집행위원장), J(당시 통일연대 문예위원장) 등은 각각 집행위원장, 문예팀장을 맡았다.

통일연대와 민중연대는 '국가보안법 철폐', '주한미군 철수', '한미동맹 파기', '6·15선언 실현'을 주장해온 단체로 2005년 9월 11일 '미군 강점 60년을 철거하자'며 인천 맥아더 동상 철거를 주동했다. 인적 구성에서 볼 수 있듯 '범국본'은 전국연합, 통일연대, 민중연대가 그대로 옮겨온 단체라고 볼 수 있다. 세월호 국민대책회의 지도부와 한미FTA반대 국민대책본부 지도부가 겹친다.

철저한 반미 투쟁과 동성애는 무슨 관계가 있는 것인가? 이들의 실체를 알면, 이러한 의문은 순진한 질문에 불과하다는 것을 알게 된다.

> 5. 좌파 정치 투쟁의 목표

좌파들이 기존의 주사파 논리로는 청년층 설득이 어렵다는 현실에 직면했다. 반미 투쟁에 미온적인 청년층을 젊은이들이 관심을 갖는 "성"을 앞세워 동성애 등 '성 정치'로 포섭한다. 청년 비정규직 문제와 최저임금 문제로 청년들을 선동해 지지기반을 확보한다. 성과 노동 분야의 투쟁을 청년 문화로 만드는 정치적 투쟁 전략 전술을 펼친다.

경찰이 압수수색한 세월호 강경 투쟁 단체의 지도자가 "P"이고, P는 동성애 정치 투쟁을 지지하고 지원하는 자칭 인권 운동가이다. P는 이석기 재판에 출석해서 이석기의 내란음모는 표현의 자유로 보호되어야 하는 사안이라고 강변했다.

체제 붕괴의 위험과 동성애를 앞세운 성 정치·성 혁명의 위협 앞에 서 있는 한국 교회가 적극적으로 정치적·도덕적 의사표시를 하지 못하게 하는 왜곡된 정교분리 이론이 있다. 이 문제는 한국 교회의 사회적 지위를 훼손하도록 유도하는 매우 잘못된 논리로 보아야 한다. 이러한 논리를 확산시키는데 기여한 일부 교계 인사들은 반성을 해야만 한다. 다음 장에서는 교회가 올바른 정교분리 이론을 수용할 수 있도록 이 문제를 체계적으로 설명하도록 하겠다.

chapter
04

올바른
정교분리
이론의 확립

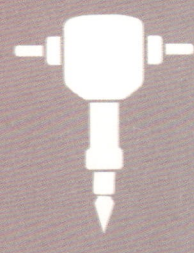

THE DECONSTRUCTION OF
CHURCH
AND GENDER IDEOLOGY

04

올바른 정교분리 이론의 확립

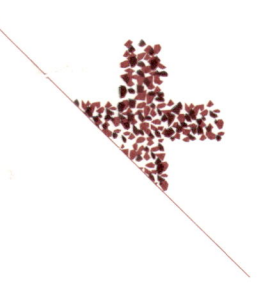

교회를 공격하고자 할 때 고의적으로 '정교분리' 이론을 왜곡하여 확산시킨 실행자로서 필자는 한국 교회가 이러한 잘못된 '정교분리' 관념을 내면화 하고 있는 상황에 대해 우려하지 않을 수 없다. 따라서 이 장에서 올바른 정교분리의 이론을 체계적으로 설명하고자 한다. 개혁주의 신앙은 삶과 신앙을 분리시킬 수 없으며, 정치·경제·사회·문화의 전 영역에서 하나님의 주권을 선포해야만 하는 사명을 삶의 중심에 두어야만 한다고 확신한다.

I. 문제 제기

2008년 11월 1일 불교계는 '대구경북 범불교도 궐의대회'를 열어 이명박 대통령의 종교 편향을 규탄하고 종교 차별 금지법 제정 등을 요구했다. 그러나 불교계는 우리 헌법이 보장하고 있는 '종교의 자유'와 '정교분리'의 법리를 분석하여, 이에 따른 종교 문제의 합리적 해결책을 제시하지는 못하고 있다. 즉 강력한 입법 요구에 상응하는 분석과 대안 제시가 부족하다고 평가할 수 있다. 또한 불교계의 행보나 주장을 통해 볼 때 '정교분리' 원칙에 관한 이해나 '종교의 자유' 보장에 관한 헌법학적 인식의 부적절성은 비판을 면할 수 없다고 생각한다.

이미 공개된 소위 '종교 차별 금지법안'조문환 의원안, 민주당안, 종교자유정책연구원안, 나경원 의원대표발의안과 불교계 언론을 통해 알려진 불교계의 주장을 분석하여 법리상, 그 비합리적 측면과 위헌성을 설명하고자 한다. 엄격하게 평가하자면, 불교계는 입법 요구의 내용을 구체적으로 제시한 적도 없다고 할 수 있다. 물론 입법은 시민 사회 영역의 의무는 아니지만, 한국의 헌정질서에서 차츰 시민 사회 영역이 확대되고 전문화되어가고 있는 현실에 비추어보면 입법 요구에 상응하는 구체적 입법 내용이 없다는 것은 납득하기 어렵다.

본고는 먼저 정교분리의 개념과 정교분리에 관한 미국과 한국의 헌법 해석론을 소개하고 이를 바탕으로 소위 '종교 차별 금지법안'은 헌법 해석상, 무엇이 문제이고 불교계의 주장들은 무엇이 문제인지 분석해 보도록 하겠다.

II. 정교분리의 개념

우리 헌법 제20조 제1항은 "모든 국민은 종교의 자유를 가진다"라고 하여 종교의 자유freedom of religion를 보장하고, 제2항은 "국교는 인정되지 않으며, 종교와 정치는 분리 된다"라고 하여 국교의 부정과 정교분리를 정하고 있다. 우리나라는 1948년 헌법에서부터 종교의 자유를 보장하였는데 '양심의 자유'와 '종교의 자유'를 분리하지 않고 동일조항에서 두 기본권을 보장하는 형태를 취했다. 1962년 헌법부터 양심의 자유와 독립된 조항으로 종교의 자유를 보장하는 형태로 개정되어 현재에 이르고 있다.[134]

미국은 '국교금지'no establishment를 처음으로 헌법에 명시했다.[135] 또한 미국 연방대법원은 국교금지에 관한 헌법 해석의 기준도 판례를 통해 체계적으로 제시했다. 먼저 미국의 헌법상, '정교분리' 원칙의 역사와 헌법 해석론의 내용을 검토한 후 한국의 판례를 통해 한국 법원의 입장을 살펴보도록 하겠다.

1) 미국 헌법의 정교분리 원칙

1620년 영국 청교도단Pilgrims은 종교적 박해를 피해 신대륙의 플리머스 바위Plymouth Rock에 도착했다. 유럽의 고향을 떠나 더 나은 삶을 찾기 위한 행로를 "탈유럽은 출애굽"이라는 극적인 표현으로 설명하기도 한다.[136] 청교도들은 신교Protestant 진영의 '퓨리턴'Puritans이라고 불리는 사람들이었다.[137] 영국의 의회는 영국 국교회성공회의 기도서The Book of Common Prayer만을 공인했고, 국교회 회원이 아닌 청교도들은 종교적 차별을 당했다.[138]

이러한 상황에서 청교도들은 종교적 박해로부터 자유를 찾는 것과 동시에 평등한 시민적 권리를 찾는 것을 갈구했다. 청교도들은 영국에서 잘못된 종교를 신봉하는 "이등 시민"second class citizen의 법적 지위를 갖게 되었다. 수정헌법 제1조를 구성한 미국의 헌법 작성자들이 종교자유 조항을 수정헌법 제1조에 명시한 것은 이러한 정치·종교사적 배경과 무관하지 않다.

김종서에 따르면, 초창기 청교도들은 종교적 박해를 피해 온 사람들이었으므로 자기들 나름대로의 새로운 종교적 통일성을 추구하기도 하였다. 이것은 국교화establishment로 이어졌고, 독립 후 헌법상, 국교금지가 명시되었으나(1833년 메사추세츠 주가 국교를 포기할 때까지) 실제로는 국교가 용인되었다. 그러나 일단 비국교화disestablishment 되면서부터 미국에서는 하나의 광적인 신앙에 편협된 몰입을 거부하는 이른바 '종교다원주의'religious pluralism적 풍토가 빠른 속도로 전개되었다고 한다.[139]

제퍼슨Thomas Jefferson, 메디슨James Madison, 헨리Patrick Henry와 같은 미국의 헌법 초안자들은 종교적 교설Doctrine이 정치적 영향력을 갖는 것은 공공질서public order에 위협이 된다고 판단했다. 따라서 종교는 정부와 반드시 분리되어야 하며, 종교는 사적 선택의 문제임을 명확히 하고자 하였다.[140]

미국에서 '정교분리'의 기준을 밝힌 기념비적 판례는 Lynch v. Donnelly 사건이다.[141] 미국의 포터킷Pawtucket 시는 해마다 비영리단체가 소유하고 있는 공원에서 크리스마스 장식을 설치하였으며, 이 공원은 시의 상업지구 중심부에 위치하고 있다. 설치물은 산타클로스의 집, 크리스마스트리, "SEASONS GREETING"의 현수막, 그리고 '구유 속 아기예수상'creche 또는 성탄화nativity scene였다. 이러한 전시 행위가 정교분리 원칙을 위반하여 위헌이라는 소송이 제기되었다. 1심은 원고 승소판결을 했고, 피고는 항소했다. 항소심 역시 1심과 같은 결론을 내린다. 그러나 미연방대법원은 항소심의 결정을 파기 환송한다.

이 때 주목해야 할 미연방대법원의 입장은 다음과 같다. 연방대법원은 "행정적 유착에 관해, 교회와 시당국이 전시물의 내용 또는 전시물의 디자인에 대해 협의를 한 증거가 없고, 아기예수상의 보존·유지에도 비용이 발생하지 않았다"라고 판시하였다. 따라서 교회와 당국이 전시물의 내용 등에 관해 사전 협의_{행정유착}를 하였다면 명백한 '정교분리' 위반으로 위헌이라는 것이다.[142]

Lynch v. Donnelly 사건을 통해 제시된 정교분리 판단 기준은 ① 중앙정부 또는 지방자치단체와 종교 단체 간의 행정적 유착 여부, ② 특정 종교 단체에 대한 재정지원 여부이다. 이것은 국가가 특정 종교에 특혜를 제공하거나, 억압하는 것을 금지하는 것을 내용으로 한다. 국가의 특정 종교 단체의 재정지원이 무조건 정교분리 원칙 위반이 되는 것은 아니다. 중요한 것은 공권력 행사의 목적이다. 종교적 목적이 아닌 세속적 목적_{공공복리 등의 목적}을 의한 공권력과 특정 종교와의 협력은 정교분리 원칙 위반으로 볼 수 없다.

이와 관련한 판례는 코취란Cochran 사건과 에버슨Everson 사건이다. 코취란 사건은 주州에서 입법한 법이 교회 관련 학교에 등록된 학생들을 포함한 취학 아동들에게 교과서를 주정부 예산을 사용하여 공급하는 내용을 명시했다. 당해 법령에 대한 소송에서 원고는 수정헌법 제14조를 위반하여 납세자의 돈이 종교계 사립학교를 원조하는데 사용될 수 있으므로 이 법령이 위헌이라고 주장한다. 이에 대해 연방대법원은 종교계 사립학교는 수익자가 아니고 주와 아동의 이익을 위한 공익적 목적이므로 위헌이 아니라고 판시했다.[143] 에

버슨 사건 역시 학교통학을 위해 교통수송 비용을 주법령에 의거하여 지원하는 것에 대해 가톨릭 학교를 포함시킨 것에서 발단이 된다. 이 경우에도 법원은 이 법이 종교를 돕거나 종교적 활동과 종교기관을 돕는 것이 아니라 아동들의 공공복리를 증진하는 것이므로 수정헌법 제1조의 정교분리 원칙에 반하는 것이 아니라고 판시했다.[144]

2) 한국 헌법의 정교분리 원칙

한국 역시 전술한 것과 같이, 정교분리를 헌법에 명시하고 있다. 종교의 자유가 보장되는 헌법질서 내에서는 국교가 인정될 수도 없고, 국가 권력이 종교에 대한 간섭을 하거나 특정 종교를 우대 또는 차별하는 정책수립 내지 정치 활동을 하는 것은 금지된다는 것이 헌법학계의 통설이다.[145] 한국 법원의 대표적인 판결을 분석해 보자. 서울고등법원의 군종 목사의 직무와 관련한 판결은 정교분리에 관한 중요한 쟁점을 다루고 있다.

> 군대 내에서 군종 장교는 참모 장교로서의 신분뿐 아니라 성직자로서의 신분을 함께 가지고 소속 종단으로부터 부여된 권한에 따라 설교·강론 또는 설법을 행하거나 종교의식 및 성례를 할 수 있는 것이고, 비록 군종 장교가 국가공무원으로서의 신분을 가지고 있다 하더라도 최소한 성직자의 신분에서 주재하는 종교활동을 수행함에 있어서는 특정한 종교를 선전하거나 비판하여서는 아니 된다고 하는 종교상의 중립의무를 기대할 수 없는 반면, 일반 민

간 공동체에서와 마찬가지로 종교적 선전 및 타 종교에 대한 비판할 권리를 포함하는 종교의 자유를 가진다고 볼 것이고, 특히 기독교인들의 신앙생활을 돕기 위하여 일반적으로 받아들여지는 종교 교리를 해설함과 아울러 교리해석상 잘못된 부분을 지적함으로써 그 교리를 지키거나 신앙상의 혼란을 막고 신자들의 신앙을 보호하는 일은 군종 목사의 핵심적 직무사항에 해당된다고 보아야 할 것이므로, 군종 목사들인 피고들이 이 사건 책자를 발행·배포하거나 설교를 하는 등으로 원고 교회를 비판하였다고 하더라도 이것만으로 직무상 위법 행위를 한 것으로 볼 수는 없다 할 것이다.[146]

위의 사건은 소위 개신교 교단이 이단이라고 규정한 한 종교 단체의 군내 종교활동을 군종 목사들이 공군 참모총장의 지시로 통제하고, 설교와 출판을 통해 이단의 내용을 적시한 것을 원고가 군종 목사의 신분이 국가공무원이라는 점을 들어 정교분리 원칙을 위반했다고 주장한 것을 법원이 기각한 내용이다. 또한 법원은 위의 판결을 통해 특정 종교의 이단 여부를 판단하는데 국가가 개입할 여지가 없음을 명확히 하였으나, 군이라는 조직의 특수성과 군종 장교의 직역상의 특수성을 고려했을 때 위법 행위가 없었다고 판시했다.

다시 말해, 미국의 헌법 해석론과 마찬가지로 국가와 종교가 완전히 분리되는 것을 '정교분리' 원칙의 내용으로 보는 것은 아니다. 군종 장교 제도를 국방부가 유지하고 있는 것이 정교분리 위반이 아닌 것은 바로 이러한 측면 때문이다. 한국의 헌법 해석론도 정교분리 위반은 국가가 특정 종교를 우대하거나 특정 종교를 차별하는 것을 금지하는 것으로 해석하는 것이 타당하다고 할 수 있다.

미국의 경우처럼, 한국의 헌법 해석론도 공공복리와 같은 세속적 목적이 아닌 종교적 목적을 갖는 공권력과 종교의 유착 관계는 정교분리 위반이라고 판단한다. 그러나 군종 장교의 경우, 이들의 임무 중 일부는 명백히 종교 목적을 갖는다. 군종 장교의 존재가 정교분리 위반이 아닌 것은 서울고등법원의 입장처럼, 군조직의 특수성에 있다. 넓게 보면, 군종 장교 제도의 목적은 종교 목적 자체에 있는 것이 아니라 생명의 위협이 상존하는 군조직의 특수성상, 군조직의 유지와 구성원의 정신 건강 내지 이동의 자유가 제한되는 군장병들의 종교의 자유 보장 등 세속적 목적에 있다고 평가할 수 있다. 즉 국가의 종교관련성 여부가 정교분리 위반 여부를 판단하는 무조건적 기준이 될 수 없다는 것이다.

헌법재판소는 한국은행이 발행하는 5천원권에 있는 주역의 4괘와 태극무늬가 종교의 자유 및 종교적 평등권을 침해한다는 이유로 위헌확인을 구하는 헌법소원을 제기한 것에 대하여 각하한 바 있다.[147] 이러한 헌법재판소의 결정은 특정 종교인들이 국가가 발행하는 지폐 또는 동전에 유학자나 불탑 등이 인쇄되는 것이 정교분리 위반의 소지 또는 기본권 침해라는 주장의 법적 비합리성을 확인한 것으로 평가할 수 있다. 불교관련 문화유산 또는 유교서원이 종교적 목적 없이 정부 간행물에 소개되거나 지폐에 인쇄 되는 등의 상황은 정교분리 위반이라고 볼 수 없다.

위의 두 가지 판례와 헌법학계의 통설을 통해 확인할 수 있는 한국 법원의 '정교분리' 원칙의 내용은 ① 정교분리는 국가의 특정 종교에 대한 우대와 차별을 금지하는 것이다. ② 정치와 종교의 사실상의 완전한 관계 차단이 '정교분리'를 의미하는 것은 아니다. ③ 정교분리 위반의 판단 기준은 공권력과 특정 종교의 사실상의 협력 관계 또는 관련성에 있는 것이 아니라 그 목적에 있다고 할 수 있다.

III. 불교계의 종교 편향 주장에 관한 분석

먼저, 불교계가 정교분리 원칙 위반 및 정부의 종교 편향 사례라고 지적한 사건들 중 대표적인 사례들을 법학적 관점에서 분석해 보도록 하겠다.

> ① 이명박 대통령의 서울시장 재임시절 특정 종교 집회에서 '서울시 봉헌' 발언 (이 유형은 공직자의 발언과 관련한 종교 편향 유형의 대표적 사례라고 할 수 있다).
> ② 포항시장의 시예산 사용 성시화 운동 계획
> ③ 성북구청의 교동협의회(교회-동사무소 협의회)

①의 경우, '서울시 봉헌' 발언의 장소와 목적 등 사건의 사실 관계가 매우 중요하다. 공직자 역시 기본권의 주체임을 부인할 수 없다. 따라서 종교의 자유 중에서 내면적 자유에 해당하는 신앙의 자유는 법률에 의한 규제나 제한이 불가능하다. 내심의 신앙을 외부로 표현하는 자유에 대해서는 헌법의 목적상 일부 제한될 수 있다. 그러나 공직자로서의 직무 수행과 관계없는 개인적 차원의 종교 선전의 자유와 종교의식의 자유, 종교 교육의 자유, 종교적 집회·결사의

자유 등의 신앙 실행의 자유는 공직자가 아닌 사람과 동일하게 보장 된다. 특히 자기의 종교적인 확신을 언어, 예술 등의 행동 형식으로 표시하는 신앙 고백의 자유는 공직자라는 신분상의 이유로 제한될 수 없다.

예를 들어, 공직자 퇴근 후 교회에서 전도 활동에 참여한다든지 사찰의 법회에 참석하거나 참선수행을 하는 것을 제한할 수 없다는 것이다. 또한 교회의 직분을 수행하거나, 사찰 신도회의 간부가 되어 자신이 신앙하는 종교의 교설이 옳다고 고백하고 타종교를 비판하는 것 역시 제한할 법리상의 근거는 없다.

위에서 이미 검토한 것처럼, 공직자가 자신의 직무상, 자신의 권한을 이용하여 특정 종교에 특혜를 주거나 차별하는 것은 정교분리 위반의 위법성이 있다고 할 수 있으나, 종교 집회에서 개인적인 신앙을 고백하는 것을 제한하거나 신앙 고백을 하지 말라고 강요하는 것은 오히려 공직자의 종교의 자유를 침해하는 것이 될 수 있다.

'서울시 봉헌' 발언이 종교 집회에서 이루어 진 것이라면, 이는 법적 논의의 대상 자체가 될 수 없으며 오히려 공직자의 사적인 신앙 고백을 공직자라는 신분으로 인해 법으로 제한하거나 정치적 불이익을 고지하여 제한하고자 한다면 이것이 기본권 침해가 될 수 있다.

②의 경우는 명백한 정교분리 원칙 위반이다. 지방 자치 단체의 예산을 특정 종교의 선교를 위해 사용하는 것은 공권력 행사가 특정 종교에 특혜를 주어서는 안 된다는 정교분리 원칙을 위반한 것으로 볼 수 있다.

③의 경우는 좀 더 자세히 검토해야 할 필요가 있다. 교회와 구청

관내 동사무소 간의 협의체를 구성했다는 것만으로 정교분리 위반이라고 볼 수 없기 때문이다. 위에서 이미 검토한 바와 같이, 협의체를 구성한 목적이 중요한 변수가 된다. 성북구의 교동협의회 설립의 목적은 공공복리 증진을 위한 것이다. 성북구는 복지 사각지대를 없애고, 종교 단체의 개별적이고 산발적인 저소득층 지원사업을 체계적, 지속적으로 지원할 수 있도록 하기 위해 '교敎·동洞협의회'를 구성하고자 했다. 교동협의회의 추진 사업은 의료비, 생필품 지원 등을 위한 저소득층과 자매결연하기, 쌀 지원하기, 독거노인 도시락 배달하기, 소년소녀가정 등 불우청소년 장학금지급하기, 도배 및 집수리 지원하기 등이다.[148]

법보신문의 보도에 따르면, 불교계는 '성북구청장 종교 편향 규탄 범불교대회'를 개최했고, 성북구청장의 정교분리 위반에 대해 항의했다. 이에 성북구청장은 불교계 언론을 통해 불자들에게 공식 사과하고, 교동협의회를 백지화했다.[149] 법리적 관점에서 보면, 성북구청장의 행위에는 위법성이 없으며 정교분리 원칙 위반이라고 볼 근거가 없다. 교동협의회의 설립목적이 공공복리 증진이고, 선교 등의 종교 목적이 아님으로 그러하다.

IV. 종교 차별 금지법안의 분석

1. 법안 내용의 분석

이제 본격적으로 공개된 소위 '종교 차별 금지법'안을 분석해 보도록 하자. 각 입법안은 다음과 같다.

조문환의원안

〈신설〉 국가공무원법 제59조의2

① 공무원은 법령과 정책 집행에 있어서 합리적인 사유에 의하지 않고서는 종교를 이유로 차별되게 직무를 수행해서는 안 된다.

② 1항에서 금지하는 차별의 피해자 또는 그 사실을 알고 있는 사람이나 단체는 국가인권위원회에 그 사실을 진정하고 구제를 요청할 수 있다.

③ 1항과 관련한 분쟁 해결에서 차별이 있었다는 사실은 차별을 받았다고 주장하는 자가 입증하여야 한다. 또한 전1항에 따른 차별이 이 법에서 금지하는 차별이 아니라거나 정당한 사유가 있었다는 점의 입증은 차별을 받았다고 주장하는 자의 상대방이 하여야 한다.

〈신설〉 지방공무원법 제51조의2

① 공무원은 법령과 정책 집행에 있어서 합리적인 사유에 의하지 않고서는 종교를 이유로 차별되게 직무를 수행해서는 안 된다.

② 1항에서 금지하는 차별의 피해자 또는 그 사실을 알고 있는 사람이나 단체는 국가인권위원회에 그 사실을 진정하고 구제를 요청할 수 있다.

③ 1항과 관련한 분쟁 해결에서 차별이 있었다는 사실은 차별을 받았다고 주장하는 자가 하여야 한다. 또한 전1항에 따른 차별이 이 법에서 금지하는 차별이 아니라거나 정당한 사유가 있었

다는 점의 입증은 차별을 받았다고 주장하는 자의 상대방이 하여야 한다.

민주당안
〈신설〉 정부조직법 제11조(대통령의 행정감독권) 제3항
대통령은 국민화합을 저해할 수 있는 종교 편향의 정책을 펴거나 언행을 하여서는 아니되며, 국무총리와 중앙행정기관의 장의 명령이나 처분 등이 종교에 따른 편향이나 차별이 있는 경우에는 중지 또는 취소시켜야 한다.

종교자유정책연구원안
제65조(정치 운동의 금지)를 제65조(정치·종교 운동 금지)로 개정하고 제5항을 다음과 같이 신설한다.
제65조(정치·종교 운동 금지) 제5항 공무원은 직무집행 행위와 관련하여 특정 종교에 혜택을 주거나 특정 종교와 유착하여서는 아니 된다.
제84조(벌칙) 제44조·제45조·제65조·또는 제66조를 위반한 자는 다른 법률에 특별히 규정된 경우 외에는 1년 이하의 징역 또는 300만원 이하의 벌금에 처한다.

나경원 의원 대표발의 국가공무원법 개정안
제66조의2를 다음과 같이 신설한다.
제66조의2(종교 차별 행위의 금지) ① 공무원은 직무를 수행함에 있어서 종교를 이유로 차별 행위를 하여서는 아니 된다.

② 제1항에 따른 차별 행위의 기준과 유형은 국회규칙·대법원규칙·헌법재판소규칙·중앙선거관리위원회규칙 또는 대통령령으로 정한다.
제84조 중 "제65조 또는 제66조"를 "제65조·제66조 또는 제66조의2"로 한다.

조문환 의원안은 국가공무원 또는 지방공무원의 직무집행상 종교 차별 금지 조항 신설과 종교 차별 발생 시 구제를 위한 국가공무원법 및 지방공무원법 개정안이다. 그러나 종교 등을 이유로 당한 차별에 관해서는 그 구제절차가 국가인권위원회법에 이미 마련되어 있으므로 국가인권위원회를 통해 공무원의 종교중립의무 위반을 구제받는 구조의 법 개정안은 내용이 중복되므로 그 법 개정 근거가 부적절하다고 할 수 있다.

민주당안의 경우, 위헌성이 매우 심각하다고 할 수 있다. 민주당안은 대통령의 신앙 고백의 자유를 포함한 종교의 자유를 심각하게 침해할 수 있다. 물론 합리적인 기본권의 제한은 헌법적 가치질서의 실현을 위해서 불가피한 것으로 받아들이고 있다.[150] 그러나 기본권 제한은 공공의 이익을 위해 필요 불가피한 경우에 한해서 이루어져야 한다. 독일헌법 해석론의 경우도 신앙 고백의 자유는 그 신앙 고백이 인간의 존엄을 침해하는 경우에 보호되지 않는다고 설명한다.[151] 가령 신나치주의자가 인종 차별적 종교를 창시해서 유대인을 반드시 죽여야 한다는 등의 내용을 동일 종교인들의 집회가 아닌 공개적인 장소에서 표현하는 것과 같은 행위가 일정 부분 제한될 수 있다는 것이다.

우리헌법은 헌법이 보장하는 기본권을 제한할 때 법률로써 제한해야 하는 근거를 마련해 놓았다. 기본권 제한의 방법으로 법률의 형식을 요구하는 것을 기본권의 법률 유보라고 한다. 법률 유보는 법률에 의한다면 기본권을 얼마든지 제한할 수 있다는 뜻이 아니다.[152] 국민화합을 저해할 수 있는 종교 편향의 언행이라는 법률 요건은 명확성의 원칙에 반한다. 또한 대통령의 기본권 주체로서의 사적인 종교 실행의 자유를 폭넓게 제한할 수 있으므로 기본권 침해적이다.

가령 대통령이 자신의 종교에 따른 예배 참석을 대통령이라는 이유로 제한당한다거나 종교 집회에서의 발언을 제한당하고, 성경을 집무실에서 직무 수행과 무관하게 낭독하는 등의 종교 실행 행위를 대통령이라는 이유로 내지 다른 종교를 신앙하는 이들의 박탈감 때문에 제한당한다면 이는 명백한 기본권 침해라고 할 수 있다. 헌법에 정교분리 조항을 명시하고 있고, 특정 종교를 우대하거나 차별하는 공권력 행사에 따르는 차별을 금지하고 있으므로 개별적인 기본권 침해 사례가 발생할 경우, 헌법소원을 통해 사법적 구제가 가능하므로 이러한 입법은 과잉금지의 입법이라고 평가할 수 있다.

나경원 의원 대표발의 국가공무원법 개정안의 경우는 종교자유정책연구원(이하 종자연)에서 제안한 개정안과 비교하여 유사한 체계를 가지고 있다. 이 법안은 필자가 종자연 연구위원으로 일할 때 기획한 것이다. 종자연 개정안은 공무원의 종교 차별 금지 조항의 성격을 정치중립의무와 비례하는 의무로 보는 입장이고, 나경원 의원 대표발의안은 공무원의 집단행동을 제한하는 66조와 연계하여 '66조의 2'를 신설하는 안을 제시했다. 두 개정안은 또한 국가공무원법 제84조의 처벌조항을 공무원의 종교 차별 금지 위반의 준용규정으로 명시하고 있다.

　두 개정안은 법률 요건으로 공무원의 직무 수행에 한정하여 종교차별 금지를 규정하고 있어, 위의 민주당안에 비해 합리적이며 종교차별 행위를 공직자의 정치중립 위반과 집단행동 제한에 비례하는 위법 행위로 보고 있는 점 등은 법리상, 일응 타당하다고 할 수 있다.

　그러나 나의원 안의 경우, 차별 행위의 기준과 내용에 대해 지나치게 포괄적인 위임입법을 하고 있는 것은 위헌이라고 할 수 있다. 또한 위법 행위를 한 공직자 개인에 대한 처벌을 규정함으로써 공무원들의 종교의 자유, 특히 종교 실행의 자유를 직무 수행 외의 사적인 부분까지 사실상 광범위하게 제한할 위험이 있다. 공권력 행사의 행위자로서의 공직자 개인을 처벌하는 것이 법리상, 타당한 것인가는 보다 심도 있게 논의되어야 한다.

　당해 법조항의 신설이 아니더라도 헌법소원을 통해 차별에 의한 기본권 침해 구제가 가능하고 공무원의 위법한 직무 수행으로 인한 행정법 상, 손해전보 소송이 가능한 점을 숙고해 보면, 이러한 입법은 과잉금지의 원칙을 위반할 가능성과 기본권 제한으로 인한 피해의 최소성 원칙을 위반할 가능성을 가진다고 하겠다.[153]

2. 정교분리 조항의 기본권적 성격

　우리 헌법 제20조 제2항은 "국교는 인정되지 않으며, 종교와 정치는 분리 된다"라고 하여 국교의 부정과 정교분리를 정하고 있다. 이 조항의 기본권규범으로서의 성격을 분석해 보도록 하겠다. 먼저 본고는 기본권규범의 개념을 실정화 유형과 실정화 방식의 형식적 기준에 구속시키는 입장을 따르고 있음을 밝힌다.[154] 기본권 개념의 형식적 기준을 따를 때, 헌법 제10조에서 제37조에 이르는 기본권 규정에 포함된 개인적 권리를 보장하는 문장이 기본권 규정이라는 잠정적 정의를 내릴 수 있다.[155]

본고는 정교분리 조항을 국교설립으로 인한 종교적 차별을 금지하여 종교로 인한 평등권 침해를 방지하고 공권력이 특정 종교를 우대하거나 차별하는 방식으로 행사되어 평등권을 침해하는 것을 방지하고자 하는 일종의 평등권 보장 조항의 성격을 갖는 것으로 본다. 이 조항을 규칙rule 형태의 규범 문장으로 서술해 보면, 다음과 같다.

(1) 국교설립은 금지 된다.
(1-1) 국교설립을 통한 비국교도에 대한 차별은 금지 된다.
(2) 특정 종교를 우대하거나 차별하는 공권력 행사는 금지 된다.

정교분리 조항과 공직자의 개인적 종교의 자유와의 법리적 관계를 분석하면, 다음과 같다. 우선 공직자로서의 신분과 자연인으로서의 개인을 구분해서 기본권 문제를 논의해야 한다. 기본권 제한은 기본권의 보호법익자유/상태/일반 법률상의 지위과 기본권 원칙에 의해 부여된 잠정적 지위에 대한 제한이다.[156] 공직자라는 신분으로 인해 공직자가 아닌 사람들이 잠정적으로 확보하는 지위가 일부 제한될 수 있다.

공직자의 직무 수행에 있어, 즉 공직자의 직무 수행은 공권력의 행사이므로 일반인이 향유하는 타종교에 대한 비판과 자신의 종교를 선교 또는 선전할 수 있는 자유 등의 잠정적 지위가 제한될 수 있다. 다시 말해, 공직자라 하더라도 자신의 직무 수행, 즉 공권력의 행사와 무관한 개인적인 종교 실행의 자유는 제한되지 않는다.

따라서 대통령의 경우도, 국교설립의 정책 추진이나 자신의 직무 수행에 따른 특정 종교 우대나 차별이 아닌, 공권력 행사와 무관한 개인적 종교 실행의 자유는 일반인과 동일하게 보장되어야 한다. 종교 집회에서의 개인적인 종교 발언 등과 같은 경우에, 대통령이라는 지위의 정치적 특수성으로 인해 신앙 고백 등을 다른 종교를 신앙하는 국민을 배려하는 차원에서 자제할 것을 대통령에게 요청하는 것은 정치적·도덕적 차원에서 고려될 수는 있으나 법적 관점에서는 이를 제한할 근거는 없다고 하겠다.

V. 소 결

이 장에서는 헌법상 정교분리 원칙의 개념과 기본권 규범적 성격을 분석했다. 이러한 분석을 논거로 현재 불교계가 중심이 되어 주장하고 있는 국가공무원법 및 정부조직법 일부 개정안의 위헌성을 논증하였다.

또한 불교계가 정교분리 위반이나 종교 편향의 사례로 지적하고 있는 사안들이 법적 관점에서는 논리적 문제가 있음을 지적하였다. 헌정질서 내에서의 시민 사회 영역의 확대와 중요성의 증대는 민주주의 발전의 산물이라고 할 수 있다. 따라서 입헌민주주의의 발전을 위한 시민 사회의 역할과 책임의 증대는 일응 필연적인 것이다. 불교계는 그 역사와 위상으로 볼 때, 한국 사회의 중요한 시민 사회적 지위를 갖는다고 생각한다.

이러한 위상과 사회적 책임을 인식하고 불교계는 종교·사회적 주장을 개진할 때 더욱 신중하고 분석적인 논의를 담보해야 할 것이다. 현재의 종교 차별 관련 입법 요구는 법리상 비합리적인 요소가 많고, 대정부 요구의 내용 또한 다소 감정적인 점을 비판하지 않을 수 없다.

한국 교회는 교회와 정치가 분리된다는 왜곡된 정교분리 논리를 수용하여 정치적 문제에 교회가 침묵하는 것이 미덕인 것처럼 인식하고 있다. 정교분리는 특정 종교 단체와 공권력의 정책적 유착을 금지하는 것이다. 본질적으로 종교의 사회적 순기능을 헌법이 배제할 수 없으며 교회는 사회와 정치의 소금 역할을 하여야 하는 사명을 가지고 있다. 이미 위에서 검토한 바와 같이 교회의 침묵은 '표현의 자유'를 억압하는 악법의 입법으로 이어지고, 교회가 명확하게 결혼과 가정을 정의하지 않은 결과, 서구의 많은 국가들에서 동성혼이 합법화 되었다. 우리가 이러한 정치적·사회적·문화적 문제들을 명확하게 인식하여 적극적으로 교회가 도덕적으로 잘못된 법과 정치에 대해 반대 의견을 표명함으로써 한국 사회에서 도덕적 지도력을 유지하는 것이 필요하다고 주장하고자 한다.

다음 장에서는 인권 엘리트주의의 폐해와 이에 따른 인권인플레이션을 설명한다. 국가인권위원회를 왜 헌법기관화 해서는 안 되는지, 이것이 왜 중첩적 공권력 행사를 통해 개인의 권리를 역설적으로 침해하게 되는지, 왜 민주주의에 역행하는 것인지 이론적 근거를 제시하고자 한다.

chapter
05

한국사회의 인권담론에서 샌드라 프레드먼의 "인권의 대전환"이 갖는 의의에 관한 분석
– 교육의 정치적 중립성을 중심으로–

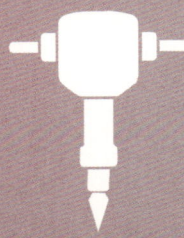

THE DECONSTRUCTION OF
CHURCH
AND GENDER IDEOLOGY

05

한국 사회의 인권 담론에서 샌드라 프레드먼의 "인권의 대전환"이 갖는 의의에 관한 분석 -교육의 정치적 중립성을 중심으로-

I. 서론

최근 서울의 한 고등학교에서 일부 학생들이 교사가 학생들에게 "반일사상"을 강요하고, 특정 정치인에 관한 언론의 기사를 모두 "가짜 뉴스"라고 가르치는 동시에, 이에 대한 반론을 강압적으로 제재하고 조롱하는 등, 교사와 학교 당국에 의한 교육의 정치 중립성 위반 문제를 학생들이 제기하는 사건이 발생했다. 학생들은 자신들의 권리 침해에 대한 구제와 침해의 재발 방지를 위해 "학생수호연합"이라는 단체를 만들어 활동하고 있다.[157]

과거 권위주의 시절에는 교사의 정치적 활동이나 정치적 표현의 자유가 교육권과 교사 개인의 자유권이라는 측면에서 논의조차 되지 못하고 원천 봉쇄되거나 특정 사상 또는 반인권적인 내용조차도 학생들에게 일방적으로 주입되도록 강요하는 것이 주로 교육의 자주성의 차원에서 문제가 되었다.

당해 고등학교에서 발생한 사건은 교육의 자주성이라는 측면에서 헌법과 교육 기본법이 보장하고 있는 '교육의 정치적 중립성'의 기준과 내용에 대한 새로운 해석이 요구되는 시대적 상황과 이에 따른 인권의 이론과 실천에 있어서의 '대전환'이 필요하다는 그 당위성을 여실히 보여주었다고 생각한다.

헌법이 교육의 자주성, 전문성, 정치적 중립성, 그리고 '대학의 자율성'을 명시하고 교육 기본법이 교육의 정치적 중립성을 천명하는 의미도 국가로부터의 자주성, 전문성, 정치 중립성을 보장한다는 의미가 강하게 포함되어 있다.

국가 권력에 의한 부당한 간섭 또는 교육이라는 형식을 통해 특정 정당(정파) 지지 또는 이데올로기의 주입과 강요로부터 권리 주체인 학생의 권리와 교사의 자주성을 보호하기 위한 법의 목적과 기능에 대한 재고를 넘어서, 학생의 권리와 권리 충족을 위한 국가의 의무에 대한 본질적인 성찰을 요구하는 시대라고 할 수 있다.

당해 사건은 교육의 자주성과 전문성의 실행 주체인 교사와 학교 당국에 의해 자신들의 정치적 신조를 학생들에게 그 우월적 지위를 이용하여 강요하는 형태로 교육의 정치적 중립성을 위반하는 (국가가 직접 침해하는 것이 아니라는 의미에서) 제3자에 의한 권리 침해의 양상이 한국 사회에 전면적으로 등장하고 있다는 방증이다. 교육 분야뿐만 아니라 노동, 복지 등 다양한 영역에서 권리 충족의 의무를 담당하는 국가의 역할이 역설적으로 주목받고 있다.

이러한 인권 상황 속에서 인권의 영역에서 국가의 역할을 재해석하는 것을 중심으로 한 샌드라 프레드먼의 "인권의 대전환"은 한국 사회에서 인권에 관한 담론과 실천의 발전적 변화와 이에 따른 성숙한 민주주의의 발전을 위해 많은 시사점을 던져주고 있다.

본고는 헌법과 교육 기본법이 명시하고 있는 교육의 정치적 중립성을 둘러싼 문제에 샌드라 프레드먼의 이론을 적용하는 것을 시도해 보았다. 샌드라 프레드먼의 "인권의 대전환" 논증의 적용과 분석 시도는 한국 사회에서 그의 이론이 갖는 의의를 밝히는 것임과 동시에, 한국의 인권 담론과 실천에 있어서 "대전환"의 필요성을 주장하는 것을 목적으로 하고 있다.

II. 인권의 교조화와 민주주의의 훼손

1. 엘리트의 지배와 인권의 왜곡

본격적인 논의에 앞서 한국에서 인권 담론이 가지는 문제점들에 대해 검토해 보자. 시민과 일상생활에서 격리된 인권 담론의 문제들을 조효제는 탁월하게 분석했다. 그는 "서로 인권을 주장하는데 어느 것이 진짜 인권인지 알 수 없다"는 교사의 질문과 폭력적으로 변한 취객을 상대하는 경찰관의 의문 등을 소개하면서 논의를 진행해 나간다. "인권 담론이 발전을 거듭하면서 그 안에서만 통용되는 독자적인 언어와 문법 체계가 형성되었고, 그러한 언어와 문법을 제대로 모르면 이해하기 어려울 만큼 특수한 전문 영역에 갇혀 버렸다"라는 분석을 제시했다.[158]

시민의 삶과 괴리된 특수하고 고차원적인 인권 담론이 인권 분야의 지식인들의 우월감을 표현하는 상징이 되는 동시에, 서사적으로 등장하는 시민들의 의문을 미개하거나 무지한 것으로 취급하여 계몽의 대상으로 삼는 인권에 관한 자기들만의 정치적-사회적 구조(인권을 소통하는 자기들만의 배타적인 문법)를 형성하게 되었다는 조효제의 지적에 필자는 크게 공감했다.

또한 그는 인권을 당연한 정치 철학적 목적으로 삼을 경우, '권리' 주장만이 이상적인 인간 사회를 건설할 수 있다는 논리에 빠지게 되는 문제도 지적했다. 인권 담론이 강제적 규범력을 가진 법적 담론과 결부될 때 실효성을 갖는 것은 사실이지만 법을 중심으로 구성된 인권 담론의 한계도 명확하다. 법은 만능해결사가 될 수 없다. 그는 입법만능주의와 결부시켜 교조화된 인권 담론도 비판했다.[159] 인권 담론에 참여하는 사람들이 세상을 단순하게 권리와 의무, 선과 악의 흑백 논리로 인식하게 되면 사회적 부작용은 심각해진다. 이러한 흑백 논리가 한국 사회 특유의 좌-우의 정치적 진영 논리와 결합하면서 인권 담론이 왜곡되고 있다고 생각한다.

대의민주주의가 결국은 엘리트의 지배라는 문제를 내포한다고 성급하고 강하게 비판하면서도 무지한 대중을 계몽하고 인권 침해의 가해자로서 국가 기관을 전제하고 향도해 나가겠다는 왜곡된 인권 담론이 한국 사회의 인권 상황에서 문제의 원인으로 지목되고 있다.

샌드라 프레드먼의 "인권의 대전환"은 이 두 가지 문제에 대해 탁월하게 다루고 있다. 뒤에 상세히 논의하겠지만, 그는 민주주의와 인권의 관계, 그리고 국가의 인권에 대한 의무충족적 역할에 대한 새로운 이론적 지평을 열었다고 평가할 수 있다.

2. 인권의 교조화와 민주주의의 가치 훼손

　인권을 강조하는 소위 인권 전문가들은 민주주의의 중요성을 강조한다. 그들이 강조하지 않는다고 하더라도 인권과 민주주의는 그 실현에 있어 매우 밀접한 관계를 맺고 있다. 문제는 이들이 "취객을 상대하는 경찰관"이나 "지도에 순응하지 않는 폭력적 학생 앞에 서 있는 교사"가 진지하게 던지는 인권에 관한 서사적 질문들을 자신의 고매한 전문 용어를 이해하지 못하는 무지한 대중의 넋두리로 취급하고, '계몽'이나 '지도'의 필요성을 역설하는 상황에서는 인권 담론이 왜곡될 수밖에 없다. 이러한 상황에서 발생하는 문제는 단순한 인권담론의 왜곡에 국한되지 않는다. 이러한 인권의 교조화 인권과 불가분리의 관계에 있는 민주주의의 가치를 훼손하게 되는 심각한 결과를 초래하게 될 수 있다.

　심의민주주의 이론은 공동선의 증진을 위해 민주적 의사 결정 과정에서 이성적 토론을 결부시킨다. 이러한 이론적 태도는 민주적 의사 결정 과정에서 공적 이성이나 공적 타당성에 관심을 기울여 '투표 중심'의 민주주의 이론을 '토론 중심'의 이론으로 전환시킬 수 있다.[160]

　롤스의 이론에 동의하는가 여부와 관계없이, 그의 이론은 민주주의를 인식하는데 많은 도움을 준다. 그는 비공적 이성과 공적 이성을 나누어 설명한다. 공적 이성은 동등한 시민권의 지위를 지닌 시민의 이성으로서 '공중의 선'이 공적 이성의 주제가 된다. 공적 이성의 내용은 사회의 정치적 정의관에 의해 표현되는 이상과 원칙들에 의해 주어지는 것으로 설명할 수 있다. 즉, 공적 이성은 민주 사회에서 평등한 시민들이 하나의 집단체로서 법을 집행하고 헌법을 수정할 때 상호 간에 최종적인 정치적-강제적 권력을 행사할 때 적용할 수 있는 이성이다.[161]

롤스가 제시하는 공적인 정치포럼의 예는 (특히 대법원 판사들의 담론) 판결 중 판사들의 담론, (행정 수반과 입법자들의 담론) 정부 공무원들의 담론, (특히 공적 연설, 정당 연설 및 정치적 진술) 공직 후보자와 이들의 선거 운동 관리자들의 담론이다. 문제는 시민들이 자신을 이상적 입법가로 스스로 간주하고 공적 이성을 위반하는 정부 관리 및 공직자 후보들을 거부하는 성향이 확고하게 자리 잡을 때, 이것이 민주주의의 정치적·사회적 뿌리의 하나가 될 수 있다. 시민들은 정부 공직자들이 공적 이성을 유지할 수 있도록 자신들이 할 수 있는 바를 행함으로써 시민성의 의무를 다하고 공적 이성의 개념을 유지시켜 나갈 수 있게 되는 것이다.[162]

인권에 관해서도 비공적인 이성을 대표하는 각 시민 단체나 다양한 영역에서 인권에 관한 활발한 논의를 통해 공론화 되는 것이 필요하고, 이러한 토론의 결과가 인권의 내용과 보장, 그 한계를 결정하는 공적 이성의 공권력의 행사에 반영되어야만 한다. 이러한 인권을 둘러 싼 시민들의 공론의 장을 무시하고 정답이 있다는 입장에서 무지한 대중을 이끌어 인권을 실현시켜주겠다는 교조적 태도와 인권 담론은 민주주의의 가치와 기능을 훼손하는 위험 요소가 될 수 있다.

샌드라 프레드먼은 롤스가 제시한 심의민주주의의 이론적 의의를 포섭하면서도, 심의민주주의 이론에서 깊이 있게 다루어지지 않은 권리 충족 의무에 있어서의 국가의 역할을 의미있게 제시하였다. 심의민주주의가 추구하는 공적 이성과 토론 중심의 민주주의가 전제된 상태에서 개인의 권리 충족을 위한 국가의 역할이 논의되는 것과 더불어, 국가의 역할이 공적 이성과 공론장의 활성화에 순환적으로 기여할 수 있다.

III. 유모 국가와 인권 인플레이션

1. 인권의 대전환과 국가의 역할

한국에서도 권리 개념과 권리 담론이 갖는 세 가지 차원, 즉 개념 분석, 정당화, 제도화에 관한 연구가 깊이 있게 진행되었다.[163] 이러한 권리 개념과 권리 담론에 대한 체계적 이해에 기초할 때, 개인의 권리가 실현되는데 있어서 국가의 역할과 권리 충족 의무의 문제는 더 중요하게 부각될 수밖에 없다.

샌드라 프레드먼의 "인권의 대전환"은 개인의 권리와 국가의 의무를 합친 '권무'(rights-duty)라는 통합 개념을 제시한다. 개인의 권리와 국가의 의무를 한 쌍으로 취급하면 인간의 기본 인권(권무)과 단순한 법적-계약적 권리를 확실하게 구분할 수 있다는 주장이다. 이렇게 하면 현대 인권 담론의 결함으로 흔히 지적되는 '인권 인플레이션 현상', 즉 모든 권리를 인권으로 오해하는 문제에 효과적으로 대처할 수 있는 방법도 찾을 수 있다.

샌드라 프레드먼이 제시한 "권리-의무 통합 개념"은 청구권으로서의 계약적 권리와 인권을 이론적으로 구분해 냄으로써 모든 문제를 인권 문제로 치환시켜서 발생되는 인권 인플레이션 현상이 본격화

된 한국 사회에서 많은 이론적 시사점을 던져주고 있다.

샌드라 프레드먼은 "인권이 민주주의의 기본 가치들과 밀접하게 연관된 개념임을 알고 나면 인권이 민주주의의 먼 친척이 아니라 공화주의적 민주주의 전통을 강력하게 옹호할 수 있는 최고-최적의 원군임을 알 수 있다"고 주장했다. 인권을 옹호한다는 것은 제대로 된 민주주의 체제를 지향한다는 말과 동의어가 될 수 있기 때문이다.[164]

인권이 천부적이고 전정치적(pre-political)이며 보편적이라는 것에 동의하지 않는 공화주의적 전통은 인간이기에 당연히 향유되어야 할 권리로 인권을 정의하는 것이 아니라 정치 공동체의 구성원들에 의해 성취되고 토론을 통해 구성되는 사회적 실체로 간주한다. 또한 인권을 개별 정치 공동체의 역사와 문화를 통해 인간으로서 향유해야 할 최소한의 물질적·정신적 조건을 확보하려는 정치적 노력의 산물로 이해한다.[165]

자유주의적 성찰에 기초해서 생각해 보면 매우 역설적으로 공론장의 토론을 통해 구성되는 공화적 인권 담론이 전정치적으로 전제된 권리로서의 '자유'를 강조하는 것보다 국가가 갖는 근대적 관료제의 부작용을 민주적으로 극복하고, 국가가 "교육의 정치적 중립성"을 충족시킬 수 있는 기능과 역할을 수행함으로써 학생의 권리 충족에 기여할 수 있다. 다시 말해, 국가가 권리 충족 의무를 실행하지 않으면 학생은 권리를 향유할 수 없다. 근대적 관료제의 부작용을 최소화하기 위해서는 학생이 배제되지 않는 시민 참여의 공론장과 공적 이성의 활성화가 전제되어야 하고 이러한 과정은 민주주의의 발전과 비례적 관계를 갖는다. '롤스의 심의민주주의 이론이 여전히 그의 정치적 자유주의의 틀 안에서 유지될 수 있는가'라는 필자의 의문에 관한 논의는 지면의 한계상 생략한다.

뒤에 상세히 다루겠지만 교육의 정치적 중립성은 역설적으로 중립적 교육 행정의 적극적 역할에 의해 조정될 수 있으며, 교육 행정은 학교 내 의사 결정합의체(학부모협의회, 학교 당국, 학생 자치 단체)의 토론과 합의의 구성적 권리 충족의 과정에도 긍정적 영향을 줄 수 있다. 공화주의가 주장하는 '자유'의 고전적 의미인 "비지배(non-domination), 즉 타인의 자의적 의지로부터의 자유"는 공화주의와 인권의 새로운 결합 양식에 대한 기대를 불러일으킨다.[166] 역설적으로 교육의 정치적 중립성은 교육 행정의 중립성을 강조함과 더불어 교육 행정의 역할에 관한 논의에 집중될 수밖에 없다.

국가에게 적극적인 인권 충족 의무를 부과하자고 하면, 흔히 국가에게 너무 많은 권력을 주자는 의미로 오해하기도 한다. 다시 말해, '유모 국가'(nanny state)[167]를 만들자는 주장으로 쉽게 오해하곤 한다. 한국에서는 역설적으로 샌드라 프레드먼이 지적하는 '유모 국가'가 되는 것이 효과적으로 인권을 보장하는 것이라는 주장들을 현장에서 자주 들을 수 있다. 인권 관련 시민 단체들이 자주 빠지는 함정이 위에서 지적한 인권의 교조화와 함께 국가가 유모화 되어 권리주체들을 돌보아야 한다는 입장이 아닐까 한다.

인권 충족 의무는 국가가 마음대로 개인의 삶에 간섭할 수 있도록 국가에게 무제한의 권력을 주자는 말이 아니다. 인권 보호 의무는 국가로 하여금 인권의 진정한 향유를 촉진하는 방향으로 행동할 것을 요구한다. 또한 적극적 의무에 초점을 맞춘다고 해서 유모 국가가 되는 것도 아니다. 인권 충족 의무는 본질적으로 사람들을 자력화 하도록 돕자는 것이고, 그 의무는 사람들의 인권 충족을 도와주는 '촉진적 국가'(facilitative state)를 필요로 한다.[168]

결국, 교육의 정치적 중립성도 교육 행정의 중립성과 학교 내 구성원들의 공론장의 활성화를 위한 촉진적 역할이 매우 중요하게 된다. 다시 말해, 징계 위주의 교육 행정의 개입이 아니라 교사와 학교 당국의 우월적 지위를 이용한 정치적 강요 행위에 대한 제재를 포함한 폭넓은 장학 활동을 통해 학부모, 교사, 학생 자치 기구가 참여하는 협의체에 의한 자치적 의사 결정 구조의 구성적 인권 충족 과정을 촉진시킬 수 있다.

샌드라 프레드먼은 헨리 슈(Henry Shue)의 주장과 1997년 마스트리히트 가이드라인에서 채택된 내용들을 인용하며 자신의 논의를 전개해 나간다.[169] 권리는 다양한 의무를 발생시킨다. 이러한 의무에는 자기 억제의 의무, 제도를 설립할 의무, 개인을 다른 개인으로부터 보호할 의무, 사람들의 욕구와 기호를 신장하고 제공할 의무가 포함된다.

'경제적-사회적-문화적 권리는 시민적-정치적 권리와 마찬가지로 국가에 대해 세 가지 유형의 서로 다른 의무'를 부과한다. '존중할 의무', '보호할 의무', '충족시킬 의무'가 그것이다. 존중할 의무는 국가에게 개인이 자기 권리를 향유하는 것에 개입하지 말고 자기 억제를 하라고 요구한다. 보호할 의무는 국가에게 제3자가 개인의 권리를 침해하지 못하도록 보호하라고 요구한다. 충족시킬 의무는 국가에게 개인의 권리가 온전히 실현되도록 하는데 필요한 법-행정-예산-사법 조치와 기타 조치를 취하라고 요구한다.[170]

제3자가 개인의 권리를 침해하지 못하게 보호할 의무를 충족시키는 것은 인권 보장의 구조에서 매우 중요하다. 만약 개인의 영역에 국가가 개입을 스스로 자제한다는 차원이 신중하게 고려되지 못하는 상황에서, 제3자로부터 개인의 권리를 보호하는 조치를 선과 악의 흑백 논리를 구사하는 기관이 함부로 취하거나 이 조치가 과잉이 되면 역설적으로 제3자로 지목된 개인의 권리가 침해될 수 있다.

심지어는 이 가해의 제3자로 지목된 개인은 법이 보장한 방어권조차 제대로 행사할 수 없는 위험에 빠질 수도 있다. 이미 일부 지방 자치 단체의 학생 인권 조례에 따른 학생 인권 센터의 초법적 권리 침해 행위의 위법성의 문제가 드러난 바 있다.[171] 또한 이중-삼중의 예산 편성과 각종 법률과 중복된 내용의 지방 교육청과 지방 자치 단체의 조례 등으로 인한 혼란과 의무 이행 기관의 중첩 등으로 야기되는 역설적 인권 침해 상황과 사회가 겪게 되는 인권 피로감은 인권 인플레이션을 강화하게 된다.

따라서 인권에 관한 중복된 기관과 권한 등은 마스트리히트 가이드라인이 채택한 국가의 인권 실현의 의무들을 혼란에 빠뜨림으로써 인권의 실현과 충족을 어렵게 만들 수 있다. 법-행정-예산-사법 조치와 기타 조치를 취해야 하는 의무를 이행하는 과정에서 과도하게 권한과 업무 내용이 중첩되도록 권력 기관을 설치하는 것과 인권을 정치 수단으로 보는 정치권력은 역설적으로 공권력 행사의 과잉을 초래하여 개인의 인권을 광범위하게 침해할 수 있다.

2. 인정과 상호성을 기반으로 한 시민 사회의 공론장

자유로운 개인을 형성하는 사회적-정치적 환경의 중요성을 간과

해서는 안 된다. 자유를 행사하는데 필요한 역량, 태도, 자기 이해 등을 계발해 주는 사회의 집단적 행위가 존재하지 않으면 개인은 자유를 향유할 수 없다. 사람은 자신과 자유로운 타자들 간의 '상호 인정' 과정을 통해 자기 자신이 자유롭다는 의식을 발전시키고 유지할 수 있다. 개인은 단지 법과 질서를 유지하는 것 이상의 이유 때문에 사회가 필요하다.[172]

유모 국가화 된 국가가 소위 '약자'로 인식된 집단을 위해 과잉의 공권력 행사나 인권 보장을 위한 제3자에 대한 규제 등의 행위를 하게 되면 스스로 역량을 강화하여 공론장에서 자신을 주장할 기회를 박탈하는 결과를 초래하게 될 수 있다. 이는 다시 민주주의의 발전을 저해하고 '약자' 집단을 고립시킬 수 있다. 역설적으로 교육청의 학교 당국에 대한 징벌 위주의 적극적 개입은 학교 내 '약자'인 학생과 다수 학생의 주장과 다른 주장을 하는 소수 학생의 고립을 강화시키고 자치 활동 참여의 기회를 박탈할 수 있다.

IV. 인권의 대전환과 교육의 정치적 중립

1. 교육의 정치적 중립성의 내용과 기준

(1) 교육의 자주성과 정치적 중립성의 관계

헌법 제31조 제4항은 교육의 자주성, 전문성, 정치적 중립성을 규정하고 있다. 특히 교육의 정치적 중립성을 논의할 때 그 중립성의 침해를 정치권력에 의한 교육 영역의 개입으로 이해하는 관점이 지배적이다. 따라서 교육의 정치적 중립성을 논할 때도 교육의 자주성이 강조된다.

교육의 자주성이란 교육이 정치권력이나 기타의 간섭 없이 그 전문성과 특수성에 따라 독자적으로 교육 본래의 목적에 기초하여 조직·운영·실시되어야 한다는 의미이기 때문이다. 교육의 자주성은 독립을 강조하는 취지에서 자율성과는 구분되는 개념이다. 교육은 다른 영역으로부터의 독립성이 본질적이라는 점에서 '자주성'이란 용어를 쓰고, '자율성'은 교육을 수행하는 교직이나 교육 기관 등이 전문직으로서 외부적 통제나 규율에 의하지 아니하고 스스로의 내부적인 통제에 따라 수행되고 운영되어야 한다는 의미로서 '자치'라는 개념과 상통한다고 볼 수 있다.[173]

헌법재판소는 헌법 제31조 제4항을 제도 보장으로서의 교육 자치의 근거 조항으로 이해하고 지방 교육 자치의 기본 원리로써 주민 참여의 원리, 지방 분권의 원리, 일반 행정으로부터의 독립, 전문적 관리의 원칙 등을 들고 있다. 교육의 자주성 원칙을 이러한 의미로 본다면, 국가가 공교육 제도의 목적과 취지를 달성하기 위한 범위 내에서 감독권을 행사하는 경우에도 그것이 교육의 자주성 또는 교육의 자치를 해치는 것이어서는 안 된다.[174]

교육의 자주성은 국가뿐만 아니라 사회의 각종 외부 세력이나 사회단체, 특정 사회 세력이 교육의 내용이나 방법을 결정하거나 자율성을 침해하는 것을 금지하고, 교사도 학생에게 공교육의 목적에 부합하지 않는 정파적이거나 파당적인 내용을 주입할 수 없고 교육의 방법도 학생의 자주적 인격을 침해할 수 없다고 본다.[175] 교육의 자주성을 이렇게 정의할 때 교육의 정치적 중립성 개념과 엄격한 구분이 어려운 측면이 있다. 교육의 자주성 개념에 중립성 개념이 포함된다는 견해와 교육의 자주성과 정치적 중립성은 상호 보완적이면서 밀접한 관계에 있다고 보는 입장이 있다.[176]

헌법재판소는 주로 국가가 교육의 감독권을 행사하거나 교육에 개입하는데 있어서 교육의 자주성을 침해할 가능성에 대해 주의하고 있다. 교육감이 속한 정파의 신조와 이데올로기가 교육청의 관리 감독권의 남용으로 인해 교육의 자주성과 중립성을 훼손하는 경우, 또는 교사와 학교 당국이 특정 정치 신조에 경도되어 편향적인 주입식 교육을 실시하거나 정치 집회에 참석하는데 봉사점수를 부여하는 등의 방법을 사용하여 학생들을 특정 정파의 집회에 동원하는 등의 문제들은 단순히 교육의 자주성과 관련되는 중립성의 문제로만 인식하기에는 역부족이라고 할 수 있다.

(2) 교육의 정치적 중립성과 민주주의

교육의 자주성 개념에 중립성이 포함된다고 보거나 양 개념이 상호 보완적이라는 입장에 대해 비판적인 관점으로써 '민주적 원칙'의 중요성을 강조하는 주장이 제기되었다.[177] 정치적 목적을 가지고 교육에 개입하고자 하는 의도는 정치 경쟁에서 성인이 된 후 유권자로서 투표에 참여할 학생들에게 특정 정파의 이념과 이데올로기를 미리 주입함으로써 유리한 입지를 차지할 수 있기 때문이다.

이러한 측면에서 교육이 특정 정파의 정치적 목적을 달성하는 방편으로 이용되어서는 안 된다는 것은 어느 개인이나 집단도 정치·

사회·문화의 제반 생활 영역의 가치 경쟁과 자원 배분 경쟁에서 부당하게 우월적인 영향력을 행사해서는 안 된다는 '민주성의 원칙' 또는 '평등성의 원칙'을 보장하기 위한 것이라는 주장이다.[178] 교육의 정치적 중립성을 '자주성' 옹호의 측면으로 접근하는 기존의 일반적인 관점은 '교육의 보호'라는 가치를 강조하는 데는 기여하지만, 또 다른 중요한 가치인 '정치적 민주성'의 측면을 간과한 것이라는 비판은 일응 타당하다고 생각한다.

그러나 "정치적 민주성"이라는 개념도 특정 정파와 정치 세력이 "민주성"을 독점한다고 주장하고 이를 정치적으로 관철시키고자 할 때 더 큰 문제를 발생시킬 위험성이 상존한다. 사실 민주화 이후 한국 사회에서 발생하고 있는 인권 담론의 교조화의 문제점도 인권과 민주성을 특정 정파와 정치 세력이 독점하고 있다는 비민주적 상황에 기인하는 바가 크다고 할 수 있다.

이러한 민주화 이후의 인권 담론과 실천의 문제 상황 속에서, 인권의 문법과 민주성의 독점과 교조화는 교육의 자주성과 중립성을 논의할 때 교육 행정의 중립성이 더욱 강조될 수밖에 없는 이유이기도 하다.

2. 국가의 권리 충족적 역할

(1) 권리 주체와 국가의 역할

헌법상의 기본권의 주체에서 배제될 수 없는 학생은 교육의 대상자로서 피교육자라는 신분이 강조되는 상황에서 자칫 권리의 충족이 불가능한 존재로 소외될 수 있다. 특히 학교 당국이 포괄적인 교육 권한을 행사하고 부모가 친권에의 복종을 요구할 수 있기 때문에 수업이나 생활지도, 기타 학교 행사 등에서 교사와 부모의 '사실상의 우위성'이 인정되고 있다. 주로 권위주의 시절, 헌법상의 자유권과 기타의 인권이 학생들에게 보장되기 위해 '교육받을 권리'로 확립된 '학습권'이 강조되었다.[179]

서론에서 예시한 서울의 한 고등학교 사건에서 볼 수 있듯이 결국 학생의 권리 충족은 국가의 역할과 매우 깊이 관련된다. 권력을 수단으로 하여 교육감을 배출한 정파와 이에 속한 정치적 신조와 이데올로기를 신봉하는 학교 당국과 교사가 학생에게 자행할 수 있는 강요의 위법성과 권리 침해적 상황은 교육 현장에서 매우 치명적일 수 있다.

과거 권위주의 시절과의 차이점은 언론을 통한 사건의 보도가 가능하고, 학생들이 '학생수호연합'이라는 단체를 결성하여 대응한 점, 그리고 시민 단체들의 당해 교사와 학교 당국에 대한 형사고발과 진정 등 제3자 개입의 사태 전개라고 할 수 있다. 과거처럼 국가 권력이 언론을 완벽하게 통제한다든가 교육청과 검찰 등 국가 기관이 일사분란하게 국가 권력의 요구에 응한다든가 하는 일이 일상적이지 않다는 변화는 민주화 시대의 현실이 되었음은 분명하다.

그러나 본고가 다루고자 하는 핵심 문제는 인권을 둘러싼 상황 변화가 아니라 샌드라 프레드먼이 제시한 국가의 역할에 관한 권리 충족 의무의 문제이다. 결국 학생 인권의 충족은 국가의 역할을 통해 실현될 수밖에 없다. 국가의 적극적 개입이 학생 인권 충족의 필요조건이지만 이 국가의 역할을 "유모화"되는 것에서 공화주의적 인권 담론의 과정을 활성화시키는 민주주의의 기본 요소로 인식하는 "전환"이 매우 중요하게 된다.

교육청은 장학 제도를 활용하여 당해 고등학교에 적극 개입하여 교사와 학교 당국의 정치적 강요 행위를 징계를 포함하지만 징계가 전부가 되지 않는 개입을 추진할 수 있다. 중립적 교육 행정은 학교 내의 상호 소통적 공론의 장을 확대시켜서 학생 자치 기구의 자발적 논의를 학교 당국이 방해하지 못하도록 개입하고, 학부모협의체와 학교 당국을 대표하는 협의체 간의 교육의 정치적 중립성에 관해 소통·합의하는 공론장의 형성에 장학업무를 통해 그 역할을 수행할 수 있다. 이러한 공권력의 개입이 또 다른 중립성의 침해가 되지 않기 위해서는 시민 사회와 학부모가 어떻게 교육감과 교육청을 감시하고 견제할 수 있느냐는 제도적 장치와 의사소통 과정의 공화적 민주주의의 형식과 질에 의존할 수밖에 없다.

학교 밖의 언론과 학부모 단체를 포함한 시민 단체들은 교육청을 장악한 특정 정파의 관점에서 일방적으로 학교 당국의 정치적 중립성 위반 행위를 옹호하고 학생의 권리 침해에 대한 구제적 교육 행정을 포기하는지 감시하고 비판하는 기능을 유지해야만 한다.

고소와 고발이 남용되고 많은 정치적 이슈와 인권 관련 분쟁들이 사법부와 검찰의 판단에 의존함으로써 인권이 민주주의와 괴리되는 것은 아닌가라는 의문점들은 샌드라 프레드먼의 입장을 검토하면서 나름의 대안을 모색할 수 있다고 생각한다. 그가 제시하는 국가의 권리 충족적 역할에 대해 좀 더 살펴보도록 하자.

(2) 국가의 역할

샌드라 프레드먼은 인권의 충족을 위한 의무의 주체로서 '국가'를 강조하고 이에 따른 국가의 역할을 설명한다. 이것은 정치적-시민적 권리를 소극적 권리로 인식하고 국가의 급부적 공급 행위를 전제로 한 사회적-경제적 권리를 적극적 권리로 분류하는 인식의 대전환을 포함하는 인권 이론이다. 그가 새롭게 제시한 신조어 "권무(rights-duty)"는 앞 장에서 이미 설명했다.

샌드라 프레드먼의 "인권의 대전환"에서 국가의 기능에 대한 논의는 매우 폭넓게 전개된다. 그는 하버마스의 민주주의 이론이 어떤 점에서 공화주의적 관점과 다른지, 그리고 심의민주주의가 갖는 의미와 한계 등에 관한 논평을 통해 개인의 영역에 국가가 유모처럼 침범하지 않으면서도 결국 권리를 충족시켜줄 의무 주체로서의 '국가'의 적극적 기능을 논증하고 있다.

샌드라 프레드먼은 국가를 적대시하고 근대적 관료제를 민주주의와 인권의 적으로 간주할 것이 아니라, 인권의 측면에서 국가가 적극적 역할을 수행하는데 있어 그 방향과 기준을 제시하고 공화적 민주주의의 관점에서 시민들이 참여하고 상호 소통하는 과정에서 역설적으로 인권이 실효적으로 충족되는데 국가의 역할이 중요하며 이러한 과정에서 실현되는 인권의 충족이 민주주의의 발전에 기여할 수 있다는 논증을 성공적으로 수행했다고 평가할 수 있다.

교육 기본법에 명시된 교육의 정치적 중립성은 협의의 개념에 기초한 교사의 정치 중립 의무를 의미하지 않는다. 문제는 교사 또는 학교 당국의 특정 정치 신조와 이데올로기를 학생들에게 우월적 지위를 이용하여 교육이라는 형식을 통해 주입하거나 강요하는데 있다. 심지어 특정 정파의 정치 집회에 학생들을 동원하기도 하였다.

국가는 교육청의 장학 제도를 활용하여 이러한 교사의 정치적 강요 행위나 학교 당국의 묵인하에 발생하는 정치적 집회나 행사에 학생을 동원하는 행위 등에 대하여 적극적으로 개입하여 시정-권고할 수 있다. 여기서 중요한 점은 국가 작용, 즉 교육 행정의 중립성이 어떻게 확보될 수 있는가가 국가의 권리 충족 역할의 필요조건으로 등장하게 된다. 여기서 바로 공화적 민주주의의 인권 보장에 있어서의 장점과 의의가 강조될 수 있다. 샌드라 프레드먼이 논증한 것처럼 민주주의와 인권은 분리될 수 없다.

가장 중요한 학생의 권리 충족의 요소인 교육 행정의 중립성은 시민의 참여와 견제에 의해 가능해지고 이러한 감시 체계의 제도화가 필요해진다. 교육감을 배출한 정파에 의해서 교육 행정의 중립성이 파괴되지 않도록 학부모를 포함한 시민 사회의 감시와 견제 장치가 전제된 상태에서, 중립적 교육 행정의 학교에 대한 관리감독 기능은 학교 내 각 주체들, 학부모로 구성된 협의체와 고장과 교사 대표들로 구성된 학교 당국의 협의체, 그리고 학생 자치 기구의 상호 소통을 통해 재발 방지와 대안 제시 등 실질적 권리 충족의 민주적 의사 결정 과정을 촉진시킬 수 있다. 이것이 바로 국가의 촉진적 역할이다.

국가의 역할을 주로 감시와 통제, 징계에 두는 권위주의적 방식에서 공화적 민주주의의 관점에서 인권과 그 충족을 인식하는 '대전환'을 추구하는 것은 민주적 의사 결정과 구성원의 인권 충족에 있어 매우 중요하다는 것이 확인되었다.

결국, 교사와 학교 당국의 우월한 지위를 이용한 강요 행위와 학습권과 자유권 등 학생의 권리 침해에 대한 시정과 권리 구제를 포함한 학생의 권리 충족 의무는 국가가 담당할 수밖에 없다. 그러나 국가의 권리 충족적 의무에 대한 개념과 인식 전환이 공화주의적 시민의 상호 소통과 민주적 심의 과정을 활성화시킬 수 있음도 확인하였다. 인권의 영역에서 샌드라 프레드먼이 제시한 권리와 의무가 통합된 '권무'라는 개념이 시사하는 바는 매우 크다고 생각한다.

V. 결론

위에서 이미 검토한 바와 같이 샌드라 프레드먼에 따르면, '경제적-사회적-문화적 권리는 시민적-정치적 권리와 마찬가지로 국가에 대해 세 가지 유형의 서로 다른 의무'를 부과한다. '존중할 의무', '보호할 의무', '충족시킬 의무'가 그것이다.

국가는 개인의 자유를 위해 개입을 자제하고 억제해야 한다. 그러나 국가가 주로 개인의 권리를 침해하던 시대의 국가로부터의 방어적 인권이 아니라, 제3자가 우월한 지위를 이용하여 개인의 권리를 침해하는 시대에 국가가 갖는 보호 의무는 더 중요해졌다. 단순히 소극적 권리와 적극적 권리로 권리를 구분하는 것이 무의미해지고, 경제적-사회적-문화적 권리뿐만 아니라, 시민적·정치적 권리도 제3자의 침해로부터 국가가 적극적 역할을 통해 보호해야 하는 시대가 도래한 것이다.

민주화 이후 한국 사회에서는 개인의 권리가 온전히 실현되도록 하는데 필요한 법-행정-예산-사법 조치를 포함한 기타 조치를 취하라는 충족 의무에 관한 요구가 강하게 제기되고 있다. 이러한 변화의 상황 속에서 그동안 인권 분야에서 헌신한 엘리트 집단이 인권의 문법을 독점하고 인권 담론을 교조화시키는 부작용의 문제점이 논쟁의 대상이 되고 있다. 이러한 인권담론과 실천의 왜곡 현상은 교육의 중립성 훼손과 학생들의 권리 침해로 이어졌다.

교사와 학교 당국에 의해 특정 정파의 정치적 신조와 이데올로기를 교육의 형식을 통해 학생들에게 강요되는 상황에서 동일한 정파적 정치 이익을 향유하는 교육감과 교육청이 학교에 대한 관리감독 의무를 방기하는 상황으로 학생의 권리가 보호 또는 충족 되지는 않을 위험성에 노출될 수 있다. 이러한 현상은 교육 분야에 국한 된 것이 아니다.

본고는 산드라 프레드먼이 제기한 인권의 "대전환" 이론이 한국 사회의 민주주의의 질적 발전과 비례하여 한국 사회의 인권 담론이 개선되도록 하는데 많은 시사점을 던져 주고 있다고 보았다. 따라서 그의 이론을 교육의 정치 중립성의 문제에 적용해 보는 것을 통해, 학생에 대한 국가의 권리 충족 의무에 따른 국가의 역할을 탁월하게 설명할 수 있을 뿐만 아니라, 공화적 민주주의의 참여적 공론장의 활성화가 권리 충족에 있어서의 국가의 역할에 전제 조건이 된다는 것을 논증하였다.

chapter
06

맺음말을 대신하는
한국 교회를 향한
호소문

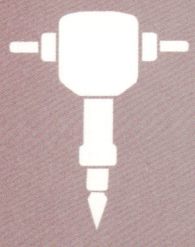

THE DECONSTRUCTION OF
CHURCH
AND GENDER IDEOLOGY

06

맺음말을 대신하는
한국 교회를 향한 호소문

한국과 세계의 복음화를 위해 주야로 헌신하시는 목사님들께 감사드립니다. 또한 성도님들께 감사드립니다. 죽을 수밖에 없었던 죄인에서 주님의 일방적인 은혜와 자비로 회심하여, 예수님을 '나의 주, 나의 하나님'이라고 고백할 수 있는 영광의 삶을 살게 됨으로써 그분을 증언하지 않을 수 없는 이정훈 교수가 문안드립니다.

1. 인류 파멸의 젠더 이데올로기

영국 에딘버러 대학에서 연구할 때 스코틀랜드 언약도들이 순교한 현장에서 많은 것을 깨닫게 되었습니다. 이들이 순교할 수 있었던 것은 예수님이 바로 역사였기 때문이라는 것이었습니다. "아-이것이 우리가 살 길이다"하는 감격이 있었습니다. 칼빈의 개혁신학으로 철저히 무장한 상태에서 사망의 권세를 이기시고 부활하신 그 사건이 상상이나 신화가 아니라 역사적 사실이고, 그분이 함께 하신다고 믿는 이 믿음의 강력한 능력을 체험하게 되었습니다. 저는 바로 이 순교자로서의 신앙 정체성이 종교개혁의 영적 파워라는 것을 가슴에 새기게 되었습니다. 존 녹스의 현장을 답사하고, 이러한 종교개혁의 전통이 존 오웬의 신학으로 전개되고, 이것이 청교도 혁명의 영성이자 파워의 원천이라는 것도 깨닫게 되었습니다.

프랑스의 위그노 삶과 영국의 청교도 혁명의 강한 영적 능력을 새삼스럽게 깨달으면서, '아-하나님의 사람들이 세상을 변화시키고, 물신에 빠진 더러운 자본주의가 아니라 프로테스탄티즘의 도덕적인 자본주의를 만들고, 이를 바탕으로 자유 민주주의 체제를 만들었구나'라는 당연한 사실을 재인식하게 되었습니다. 그래서 법철학-법사상사 전문가로서 구속사의 관점에서 종교개혁과 영적 전쟁으로서의 역사를 재인식하게 되었습니다. 막스 베버의 이론과 앤서니 기든스의 프로테스탄티즘과 자본주의 이론을 비판적으로 리뷰하던 때와는 다른 감동이 밀려왔습니다. 제 사상사의 틀을 구속사의 관점에서 완전히 재구성하게 되었습니다.

그런데 이렇게 위대했던 종교개혁의 후예들과 그들의 교회가 "왜 붕괴된 것일까?" 이것이 궁금했습니다. 마르크스-레닌주의는 이미 공부를 많이 했기 때문에 이 때부터 구조주의와 후기 구조주의 철학과 푸코와 라캉 등 프랑스의 좌파 철학을 열심히 연구하였습니다. 이 과정에서 저는 '동성애'가 어떻게 이데올로기 정치 투쟁에서 전략적 수단이 되는지 선명하게 이해할 수 있었습니다. 마르크스-레닌주의를 몇 단계 진화시키고, 여기에 가능한 모든 좌파 철학을 집어넣어 완성된 이데올로기는 '동성애'라는 창조질서를 선명하게 공격하는 '정치성'을 획득하게 됨으로써, 기존의 마크르스-레닌주의가 재래식 무기라면, 이것은 핵무기급의 이데올로기로 발전하게 된 것입니다. 다양한 철학적 배경이 있고, 논쟁이 있었던 것을 통합하여 '이데올로기화' 하였기 때문에 "젠더 이데올로기"라고 부를 수 있습니다. 이 핵무기 한 방이면 교회가 초토화 되는 것을 좌파들이 경험적으로 유럽에서 목격하고 체험하게 됩니다.

2. 소련의 붕괴와 좌파의 좌절

전대협의 80년대, 한총련의 90년대를 거치면서 한국의 좌파들은 자신들이 그토록 동경하던 소련과 동구권이 몰락하자 큰 혼란에 빠지게 됩니다. 레닌으로 상징되는 "소비에트"의 몰락은 이들에게 절망이었습니다. 이 때 이들에게 구원이 빛이 비추어 집니다. 사실 한국 좌파들은 크게 두 가지 세력으로 나누어집니다. 북한의 주체사상을 추종하는 NL과 정통 레닌주의를 추종하는 PD입니다. 민족주의적 전통이 강한 한국인들의 심성에 NL이 파고들어 다수파가 됩니다. 강철서신으로 알려진 김영환이 주체사상을 보급하여 학습합니다. 이 과정에서 현재 국회의원과 고위직에 있는 좌파 리더들이 성장합니다.

NL과 PD 모두 '사회 구성체론'을 학습하는데 철학적으로 이 이론은 프랑스의 맑시스트 "루이 알튀세르"의 이론입니다. 알튀세르는 동성애를 내세워 정치 투쟁을 하는 세력의 중요한 사상가입니다. 이 자가 바로 이데올로기 이론의 대가입니다. NL과 PD는 미국을 '원수'로 학습합니다. 남한을 미국의 신식민지 또는 식민지로 규정하고, 독재 정권을 미제국주의 대리 통치 세력으로 봅니다. 또한 교회를 극우반공주의로 규정하고 미국의 원조를 분배하는 과정에서 정치적 헤게모니를 획득한 원수의 세력으로 학습시킵니다. 이것이 영적 전쟁이라는 것입니다. 이러한 좌파 사상이 주입된 청년들은 모두 교회를 혐오하게 됩니다.

결국 이들은 미-일동맹의 원수들을 무찌르고 북한과 손잡고 우리 민족끼리 진정한 한민족의 통일 국가를 건설해야 한다고 믿습니다. 이것이 바로 이들의 해방이자 혁명입니다. 이들에게는 북한이 적이 아니고 미국과 일본이 적입니다. 현재의 대북정책을 보시면 이들의 생각을 알 수 있습니다. PD는 이러한 혁명에 동의하면서도 북한에 대해 비판적이고 민족보다 노동자-농민 계급 투쟁을 우선시 합니다. 그래서 이들 두 세력 간 다툼이 있습니다. 현재 민주노총, 전교조, 민변, 민주당의 친노세력, 해산된 통진당, 정의당 등은 모두 이들 주사파 또는 레닌파 출신입니다. 교회는 이들 세력의 공동의 적인 것입니다. 좌파 언론들이 왜 그렇게 교회 공격에 집착하는가는 이러한 배경을 보시면 쉽게 아실 수 있습니다.

3. 68혁명과 신좌파

현대 철학은 니체, 프로이트, 마르크스를 이해하면 그 핵심을 체득할 수 있습니다. 바로 복음주의와 창조주를 정면으로 대적하는 사상을 기반으로 하는 사상들입니다. 헤겔 좌파가 마르크스-레닌주의로 발전한 이후 20세기 철학은 이 세 명의 걸출한 철학자들의 영향을 받아 발전합니다. 가령 푸코가 니체, 라캉이 프로이트, 이런 식으로 기호에 따라 그 철학적 첨가물을 강화시키는 방식입니다. 마르크스를 비판하면서 대안을 제시하기도 하고, 니체의 계보학을 따르기도 하면서 사상적으로 서로 영향을 주고받는 가운데 허무와 우울을 부추기는 21세기를 사상적으로 예비하였습니다.

유럽이 2차 대전의 상처를 회복하여 풍요로워진 68년을 기점으로 엄청난 청년들의 욕망이 정치적-사회적으로 폭발하는 현상이 일어납니다. 이것이 68혁명입니다. "모든 금지하는 것을 금지하라"라고 선언한 이 혁명은 유럽뿐만 아니라 중남미의 무장 혁명, 일본의 학생 봉기 등을 일으킵니다. 요즘 교권을 붕괴시키고 학생들을 패륜아로 만들고 있는 학생인권조례는 좌파들이 68학생선언을 한국에서 실현하고자 하는 것입니다.

서유럽의 좌파들은 스탈린 체제에 매우 실망했습니다. 레닌의 혁명에 열광했지만 스탈린의 소련이 보여준 것은 인간의 해방이 아니라 노예화였습니다. 해방된 자유로운 인간과 아름다운 공산사회를 기대했지만 늘어난 것은 정치범 수용소이고, 학살과 예속뿐이었습니다.

이들은 "뭐가 문제인가?" 고민하게 됩니다. 이 때 이들에게 복음과 같이 수입된 것이 있습니다. 바로 마오쩌둥의 '마오이즘'입니다. 루이 알튀세르와 알랭 바디우 등 당시의 좌파 철학자들은 자신을 "마오이스트"라고 지칭합니다. 68혁명에 이데올로기가 더해지면서 체계화 되는 계기가 됩니다. 성적 쾌락의 금기 없는 추구를 주장하는 히피 문화에 머물러 있지 않고, 하나의 사상 체계가 만들어지기 시작한 것입니다. 마오의 "문화 혁명"의 영향으로 "물질이 정신을 규정하는 것이 아니라, 인민의 정신이 물질을 규정한다"라는 전통 마르크스주의에 반대하는 깨우침으로 새로운 사상적 조류를 형성하게 됩니다.

결국 히피의 성적 타락을 정당화 시켜주는 이데올로기가 완성되고, 프로이트의 좌파적 해석은 성적 타락을 이론적으로 지원하는 상황으로 발전합니다. 이 때 프로이트 철학과 마르크스의 이론을 결합시켰던 "빌헬름 라이히"의 '성 정치-성 혁명' 이론이 재조명을 받습니다. 볼셰비키 혁명 당시에 청년들의 혁명 정신을 훼손한다고 '금서화' 되었던 라이히의 책들이 68에 이르자 각광을 받게 된 것입니다. 어린이와 청소년의 성 해방을 통한 오르가즘의 추구, 동성애를 포함한 모든 성적 금기의 타파가 음란한 세대의 복음이 된 것입니다.

인권의 출발점이 되는 인간의 존엄성을 성경적 원리_{하나님의 형상을 따라 창조됨}에서 추론하여 구성한 자연법적 인권론이 폐기되고 세속주의-무신론-유물론이 종교화 되어 주도권을 잡으면서 이런 패륜의 내용이 '인권'으로 변신하는 획기적인 전기를 맞이합니다. 여기에 인류사에서 억압을 받아왔던 '여성'의 문제와 페미니즘이 가세하면서 상황은 돌이킬 수 없는 지경에 이릅니다.

이 때 등장한 철학자가 주디스 버틀러입니다. 이 레즈비언 철학자가 쓴 "젠더 트러블"이라는 책은 68혁명 이후 형성된 사상적 분위기에 편승해 세계적으로 확산됩니다. 젠더 트러블은 생물학적 성이 문화적 성인 젠더에 의해 규정된다는 급진적 내용을 담고 있었습니다. 우리는 타고나는 성별로서 SEX를 인식하지만 사실, '여성'이라는 것은 문화적으로 만들어져 억압과 착취를 당하는 것이고, 이 젠더가 거꾸로 'SEX'를 규정한다는 이론입니다. 따라서 젠더가 고정된 것이 아니고 '젠더'간 트러블을 일으키고, 오히려 이 트러블은 권장되는 것이고 '젠더' 내에도 트러블이 발생할 수 있다고 주장합니다.

부르주아 자본주의를 지탱하기 위해 이데올로기적으로 조작된 SEX와 성역할을 해체해야 하는 정치적 목표가 생긴 것입니다. 여기에 가부장제가 해체되지 않으면 문화적 구성체인 '여성'의 해방은 근본적으로 불가능한 것입니다. 가부장제의 가족 제도와 이를 기반으로 한 자본주의는 반드시 해체해야 합니다. 이 때 또 다시 가장 큰 걸림돌이 되는 것이 교회입니다. 복음주의 신앙을 가진 사람들은 혁명에 동참하기보다는 이를 목숨을 걸고 반대하기 때문입니다. 정치적으로 교회는 좌파의 가장 중요한 적인 것입니다.

젠더 트러블의 명백한 증거는 '동성애'입니다. 따라서 트랜스젠더 등의 LGBT가 이들에게는 너무 중요한 것입니다. 창조질서를 부정하고 하나님을 대적하고자 하는 그 인간의 죄성이 철학을 만나 이데올로기적으로 정당화 되니까 "폭주 기관차"처럼 죄를 향해 질주하게 됩니다. 68혁명의 정신이라고 부르는 좌파 이데올로기는 이러한 철학들을 조직하고 체계화됩니다.

4. UN을 점령하고, 한국을 획득하라

이러한 철학과 이데올로기의 완성은 68세대가 성장하여 정치-사회적 주도권을 잡는 시기에 법제화 되기 시작합니다. 에릭 제무르에 따르면, 프랑스에서 프레벵법이라고 불리는 차별 금지법이 만들어지는 시점이 바로 프랑스가 자살한 때라고 경고하고 있습니다. 인권이라는 이름으로 이러한 철학과 이데올로기에 기초한 인간의 타락과 방종을 비판할 수 없는 상황이 프랑스, 영국 등 주요국에 확산됩니다. 이것이 바로 교회의 붕괴를 초래한 것입니다. 우리에게 선교사들을 파송했던 나라들은 믿는 자의 지옥으로 변해버렸습니다. 영국 등지에서 소수의 신앙인들이 우리에게 살려달라고 호소하고 있는 상황이 되었습니다.

이미 이 세력은 UN을 장악했습니다. 개발도상국에 원조하는 ODA를 GM성주류화과 연계하여 '성주류화'를 수용하지 않으면 원조하지 않는 방식으로 '성주류화'를 전 세계에 확산시키고 있습니다. '성주류화'란 남성의 시각에서 여성의 권리를 신장시키는 방법은 한계가 있으니 아예 주디스 버틀러의 이론대로 '젠더'를 해체시켜버리자는 것입니다. 50가지가 넘는 젠더를 예시하는 것은 결국 '젠더'를 구분하는 것을 의미 없게 만들겠다는 전략입니다. 국민들이 이것을 여성 권익의 실현으로 속고 있습니다. 좌파들이 장악한 국가인권위원회와 여성가족부, 그리고 여성정책연구원에서 이러한 것들을 주도하고 있습니다.

GM이 무서운 것은 헌법에서 조례까지 젠더의 관점에서 법체계가 만들어져야 한다는 이념을 담고 있기 때문입니다. 중앙정부에서 지방정부까지 모든 공적기관은 '젠더 인식'을 반영한 정책을 펴야 합니다. 이를 실행하기 위한 예산이 편성되어야 하는데 이것이 바로 '성인지예산'입니다. 이것은 이미 시행되고 있습니다. 헌법 개정 정국에서 추진되었던 술수가 모두 GM을 그 이론적 기반으로 하는 것입니다. 이러한 GM이 사탄의 것이며, 그 위험성을 독일의 신학자 피터 바이어하우스가 내한하여 알린 바 있습니다.

5. 영적 전쟁의 실체

결국 제가 깨달은 영적 전쟁의 실체는 다음과 같습니다.

사도행전의 폭발력을 소멸시키기 위해 적그리스도인 가톨릭이라는 제도를 만들어 인간이 구원받는 것을 효과적으로 방해했다. 교회라는 제도 속에 있으면 구원받았다고 착각하고 안심하게 되어 예수 그리스도를 다른 것으로 가리고, 죄의 문제를 해결하지 못하게 하여 죽음의 길로 인도한다. 종교개혁은 진리이신 예수님을 회복하는 종교·정치·문화·경제적 혁명이고 이를 통해 많은 이들이 사망에서 벗어나 주님의 영원한 생명에 합류할 수 있었다. 이 과정에서 참 신앙의 전통이 프로테스탄티즘으로 형성되었고 이러한 정신은 물신을 숭배하는 타락한 자본주의와는 본질이 다른 위그노로 상징되는 기술과 소명을 기초로 한 자본주의를 제도화 하게 되었고 진정한 인권을 기초로 한 자유 민주주의 체제로 인해 이교도들조차도 행복을 누릴 수 있게 되었다.

사탄은 마르크스-레닌주의를 앞세워 공산주의를 등장시켜 사람들을 다시 도탄에 빠지게 하고 죄의 지배를 받게 하는 전략을 취했다. 종교개혁의 영성이 감소되고 타락하는 천박한 자본주의는 이들의 먹잇감이 되었다. 중국의 마오이즘과 문화 혁명이라는

6500만을 학살한 인류 역사에서 가장 악랄한 이데올로기가 출현한다. 음란한 세대가 이것을 복음으로 받아들여 68혁명이라는 최악의 문화 혁명을 유럽을 중심으로 전개한다. 이것이 결국 GM이라는 전략으로 체계화 되어 UN을 점령하기에 이르렀다.

체제를 전복시키고 소비에트를 세우는 방식이 아니라 청년들의 양심과 도덕을 해체시켜 죄의 본성을 향해 돌진하는 죽음의 길을 '인권'으로 포장하고, '인간의 존엄성'에서 추론한 거룩한 하나님이 주신 법을 폐기하고 스스로 개와 돼지만도 못한 존재로 인간을 나락에 빠뜨린 것을 인간 스스로 자축하고 있다. 전 인류를 파멸로 몰고 갈 가장 강력한 무기가 개발 된 것이다. 이 '젠더 이데올로기'는 기존의 좌파 이데올로기 중 가장 진화한 것으로 종교개혁의 전통이 살아있던 유럽의 교회들을 획기적으로 파괴하는데 성공했다. 길고 긴 진지전에서 승리를 목격한 좌파들은 고무되었다. 북미와 어렵게 버티던 나라들이 점령당하면서 이 엄청난 쓰나미가 우리를 향해 오고 있다.

여기서 한국 교회가 소멸해가고 있는 종교개혁의 영성을 다시 살려내지 못하고 주의 백성들이 순교자의 각오로 다시 일어나지 않으면 우리도 전멸하게 될 것입니다. 반미와 반기독교라는 공동의 목표를 위해 이슬람 테러 옹호 세력과 범좌파가 모두 동맹을 맺고 활동하고 있습니다. 주한미군 철수 투쟁을 하는 좌파들이 동성애 운동을 하고, 동시에 이슬람을 미화하기 위해 혈안이 되어 있습니다.

6. 호소

존경하는 목사님들과 성도님들께 호소합니다. 존 오웬 목사님과 같이 설교로 주의 백성들을 무장시켜 주십시오. 교회를 영적으로 깨워주시고 우리가 청교도의 영성으로 다시 설 수 있게 지도해 주십시오. 저는 연구하는 과정에서 흑암으로 덮여 노예가 된 한국인들이 복음으로 깨어나 독립하고 순교로 나라를 세웠다는 것을 알게 되었습니다. 1919년 필라델피아에서 선포된 독립 선언이 바로 자유 민주공화국의 수립과 기독교 국가의 수립입니다.

오늘 한국에서 청교도 혁명이 일어나야 합니다. 성도님들 모두 동참해 주십시오. 우리가 아름다운 기독교 나라를 건설하는 것을 보여주어야 합니다. 거리마다 찬양이 울려 퍼지고 기도 소리가 전국을 뒤덮는 나라가 되어야 합니다. 그래야만 저 인류 파멸의 이데올로기와 정치 혁명을 분쇄할 수 있습니다. 우리가 다시 우리에게 선교사를 보내주었던 나라들을 역으로 구해야 할 때가 온 것입니다.

'한-미-일' 대 '북-중-러'라는 신 냉전 체제에서 한국 좌파들의 책동으로 한국이 종북과 중국 공산당에게 기울견 우리의 자유 민주주의 체제는 종말입니다. 북핵으로 인질이 되어버린 우리가 선택할 수 있는 것이 많지 않음에도 불구하고 한미 동맹을 약화시키려는 세력들이 위험을 증폭시키고 있습니다.

국내적으로는 좌파들이 젠더 이데올로기로 교회와 나라를 파괴하려고 합니다. 북한은 우리가 안일하게 방치하는 사이에 핵무기로 우리를 인질로 만들어 버렸습니다. 한미 동맹이 약화되거나 미군이 철수하는 상황은 상상하기도 싫지만 가능한 일이 되어가고 있습니다.

이제 우리는 어떻게 해야 합니까? 우리 기독교인들이 교회와 나라를 구해야 합니다. 어리석어 죽음의 그림자를 감지하지 못하고 음란에 빠져있는 백성들을 깨워야 합니다. 기독교인들이 일어나 잠자는 영을 깨우고 한국 교회를 다시 일으켜 세우면 우리는 모두 주의 생명으로 살 수 있습니다. 저는 이 시대에 우리에게 이러한 흑암의 상황을 역전시켜 세계복음화를 이루라는 사명을 하나님께서 주셨다고 믿습니다. 주님이 이기셨기에 우리도 이길 수 있다고 믿습니다.

사랑에 빚진 자, 영원하신 주님의 사랑받은 종, 이정훈 교수 올림

미주

THE
DECONSTRUCTION OF
CHURCH
AND GENDER
IDEOLOGY

미주

1) 노라 칼린 · 콜린 윌슨, 『동성애 혐오의 원인과 해방의 전망: 마르크스주의적 분석』, 책갈피, 2016, 106면.

2) 윤수종, 『욕망과 혁명 : 펠릭스 카타리의 혁명사상과 실천 활동』, 서강대출판부, 2009, 107-115면.

3) 페르디낭 드 소쉬르(Ferdinand de Saussure, 1857년-1913년)는 스위스의 언어학자로 근대 구조주의 언어학의 시조로 불린다. 클로드 레비스트로스(Claude Lévi-Strauss, 1908년-2009년)는 프랑스의 인류학자로, 인간의 사회와 문화를 이해하는 방법으로서 구조주의를 개척하고 문화상대주의를 발전시킨 학자이다.

4) 빌헬름 라이히, 윤수종 역, 『성 혁명』, 중원문화, 2011: 빌헬름 라이히, 윤수종 역, 『성 정치』, 중원문화, 2012 : 다니엘 게랭, 윤수정 역, 『성자유』, 중원문화, 2013 참조.

5) 크리스티앙 생-장-폴랭, 『히피와 반문화 : 60년대 잃어버린 유토피아의 추억』, 문학과지성사, 2015.

6) 한겨레21 2011년 10월 17일자.

7) 잉글리트 길허홀타이(Ingrid Gilcher-Holtey), 정대성 역, 『68혁명, 세계를 뒤흔든 상상력』, 창비, 2009. 이 책외에도 연구서들이 있다. 오제명 외, 『68 세계를 바꾼 문화 혁명 : 프랑스, 독일을 중심으로』, 길, 2006. 리하르트 파버 , 에어하르트 슈텔팅/정병기 역, 『상상력에 권력을: 1968 혁명의 평가』, 메이데이, 2008 참조.

8) 데이빗 호로비츠(David Horowitz), 미국의 가장 위험한 학자 101명(The Professors : The 101 Most Dangerous Academics in America), (Regnery Pub Co. 2006).

9) 루크 페레티, 심세광 역, 『루이 알튀세르의 이데올로기』, 엘피, 2014. 루이 알튀세르, 권은미 역, 『미래는 오래 지속된다』, 이매진, 2003. 루이 알튀세르, 김동수 역, 『아미엥에서의 주장』, 솔출판사, 1995. 루이 알튀세르, 백승욱·서관모 역, 『철학과 맑스주의』, 새길, 1996.

10) 모리스 마이스너(Maurice Meisner), 김수영 역, 『마오의 중국과 그 이후 2』, 이산, 2014 참조. 세계적인 마오쩌둥 연구서로는 프랑크 디쾨터의 명저 3권이 있다. 『마오의 대기근 : 중국 참극의 역사 1958-1962』, 열린 책들, 2017. 『문화 대혁명: 중국 인민의 역사 1962-1976』, 『해방의 비극 : 중국 혁명의 역사 1945-1957』 참조.

11) 미셸 푸코, 오생근 역, 『감시와 처벌』, 나남, 2011, 『말과 사물』, 이규현 역, 민음사, 2012, 『성의 역사 1: 쾌락의 활용』, 『성의 역사 2: 지식의 의지』, 『성의 역사 3 : 자기에의 배려』, 나남, 2004, 『광기의 역사』, 나남, 2010, 『지식의 고고학』, 이정우 역, 민음사, 1992.

12) 주디스 버틀러, 『젠더 트러블 : 페미니즘과 정체성의 전복』, 문학동네, 2008, 『윤리적 폭력 비판』, 인간사랑, 2013, 『불확실한 삶 : 애도와 폭력의 권력들』, 경성대출판부, 2008, 『주

디스 버틀러의 철학과 우울』(사라 살리, 김정경 옮김, 앨피),『안티고네의 주장』(주디스 버틀러, 조현순 옮김, 동문선),『여성주의 철학 입문』(우줄라 마이어, 송안정 옮김, 철학과 현실),『여성주의 철학』(앨리슨 재거, 아이리스 마리온 영 편집, 한국여성철학회 옮김, 서광사).

13) 케이트 밀렛, 김전유경 역,『성 정치학』, 이후, 2009.

14) 유정미, "성주류화와 젠더 논의", 〈성주류화 워크숍〉 성주류화 : 새로운 성평등 정책전략, 전북발전연구원 여성정책연구소, 2011.

15) 여성신문, 2017. 9. 5일자 기사, http://www.womennews.co.kr/news/view.asp?num=116885

16) 유정미, 위의 글, 3면.

17) 젠더와 세계 정치의 문제에 대해서는 존 베일리스 외, 하영선 외 역,『세계 정치론』, 을유문화사, 2016에 잘 소개되어 있다.

18) (사)한국여성연구소,『새 여성학 강의 : 한국 사회, 여성, 젠더』, 동녘, 2013.

19) 지젝/ 이현우 외 역,『폭력이란 무엇인가』, 난장이, 2011, 지젝ㆍ존 밀뱅크,『예수는 괴물이다』, 마티, 2013,『신을 불쾌하게 만드는 생각들: 이슬람과 모더니티』, 글항아리, 2015,『삐딱하게 보기』, 시각과 언어, 1995.

20) 졸고, "자살한 프랑스는 드골의 형상으로 부활할 것인가: 에릭 제무르의「프랑스의 자살」을 통해 본 민주주의의 위기", 법철학연구 (2015)의 내용을 중심으로 재구성 했다.

21) "표현의 자유인가, 가진 자의 조롱인가," 한겨레신문, 2015년 1월 15일자. 이 기사에서 이택광은 '표현의 자유'는 권력유무에 따라 다르게 판단해야 한다는 주장을 피력하고 있다. 홍세화도 이슬람 근본주의 테러가 세계를 지배하는 질서의 수혜자들과 적대적 공생 관계라는 차별화된 주장을 하면서도, "강자의 폭력은 구조적이며 일상적이어서 인식하기 어려운 데 반해 약자의 폭력은 삽화적이며 선정적으로 드러난다. 또 기울어진 역학 관계에서 양비론은 강자에 대한 지지와 같다"라고 하며 사실상 이슬람 테러에 대한 비판을 견제하고, 테러보다 테러를 할 수밖에 없는 이유에 대해 더 비판적이어야 함을 강조하고 있다. 홍세화 본인이 프랑스의 관대한 정책의 수혜자인 것을 감안해 보면, 과연 프랑스와 같은 서방 국가를 악의 근원으로 지목하는 것이 타당한가라는 의문이 자연스럽게 느껴진다. 한겨레신문 2015년 1월 29일자. "〈샤를리 에브도〉표현의 자유 문제 뭔가 잘못 되었다, 종교 그 자체와 종교에 의해 발생하는 사건은 분리해서 보아야 한다", 오마이뉴스 2015년 1월 21일자 인터넷판.

22) "테러범을 키운 것은 프랑스 자신이다," 이택광의 알랭 바디우 인터뷰 기사, 한겨레신문 2015년 1월 20일자.

23) 슬라보예 지젝(Slavoj Zizek), 배성민 역, 신을 불쾌하게 만드는 생각들: 이슬람과 모더니티 (글항아리, 2015).

24) "장정일의 서평," 한겨레신문 2015년 3월 6일자, "이택광의 반론-장정일은 지제크를 물구나무 세웠다," 한겨레신문 2015년 3월 16일자, "장정일의 재반론-이택광이야말로 어정쩡한 좌파다," 한겨레신문 2015년 3월 17일자.

25) 68혁명의 정신과 사유를 기초로 만들어진 법ㆍ문화ㆍ정치ㆍ사회적 체제를 표현한 것으로

특정 정부와 정권을 의미하는 것은 아니다.

26) 프랑스거주 한국인 이민자들의 인터넷 커뮤니티에 '제무르 현상'이 이민 정책에 가져올 여파를 우려하는 글이 등장했다. 파리의 지하철에서 읽고 있는 신문들 사이에서 '에릭 제무르'의 이름을 발견하는 일은 매우 쉬운 일일 정도로 그의 논쟁적 주장들은 프랑스 사회에서 이슈가 되고 있다. http://pariscopain.fr/archives/1332

27) 조선일보 2014년 12월 27일자.

28) 번역하면서 의미를 명확하게 하기 위해 본문에 없는 설명을 괄호로 추가했다.

29) Eric Zemmour, Le Suicide Français, French and European Publications Inc, 2014, 65-69면.

30) Eric Zemmour, 위의 책, 14-15면.

31) 크리스티안 생-장-폴랭Christiane Saint-Jean-Paulin), 성기완 역, 『히피와 반문화: 60년대 잃어버린 유토피아의 추억』(문학과지성사, 2015).

32) 프랑스는 인권 선언과 함께 헌법 제1조에서 차별 금지를 선언하고 있으며, EU의 차별 금지 관련 5대 지침(인종 차별 금지 명령, 고용 구조 지침, 젠더 지침, 물품·서비스 분야에서의 성차별 금지 지침, 노동 분야에서의 성차별 금지 지침)을 수용하여 2008년에 "차별 금지법"을 제정하였다. 차별철폐청(HALDE)이 법집행의 실효성을 확보하는 법제 보완을 포함하여 한국이 참조할 만한 '차별 금지법제'가 체계화되어 있다. 특히 노동 분야에서의 '차별 금지' 체계는 매우 우수하다고 평가할 수 있다. 최환용, 차별의 합리성 판단 기준에 관한 비교법적 연구(한국법제연구원, 2011).

33) 홍성수, "보수 막말에 망치 들었다간 진보 제 손등 찍는다," 한겨레신문, 2015년 5월 19일.

34) 박경신, 진실유포죄(다산초당, 2012), 박경신, 표현·통신의 자유: 이론과 실제(논형, 2013).

35) 박경신, 위의 책, 24면, 71면.

36) 한겨레신문. 2015년 1월 20일. 이택광과 알랭 바디우의 인터뷰 기사에서 드러난 것처럼, 그들이 이슬람을 배려하고 존중해 주어야 한다고 주장하는 것과 같은 도덕적 태도와 기준은 테러 피해자나 테러로 상심한 파리 시민들에게는 결코 적용되지 않았다.

37) Melanie Phillips, Londonistan(London · New York: Encounter Books, 2006).

38) 잉글리트 길혀홀타이(Ingrid Gilcher-Holtey), 정대성 역, 『68혁명, 세계를 뒤흔든 상상력』(창비, 2011). 15면.

39) Eric Zemmour, 위의 책, 9-16면.

40) Eric Zemmour, 위의 책, 19-28면.

41) Eric Zemmour, 위의 책, 29-35면.

42) Eric Zemmour, 위의 책, 98-107면.

43) Eric Zemmour, 위의 책, 69-76면.

44) Eric Zemmour, 위의 책, 265-272면.

45) Eric Zemmour, 위의 책, 186-190면.

46) Eric Zemmour, 위의 책, 167-174면.

47) Eric Zemmour, 위의 책, 295-300면.

48) Eric Zemmour, 위의 책, 495-503면.

49) 앨런 블룸(Allan Bloom), 이원희 역, 미국 정신의 종말(범양사출판부, 1997).

50) Eric Zemmour, 위의 책, 495-500면.

51) 최초고용계약(Contrat première embauche)법은 고용인이 26세 이하의 피고용인을 채용 후 2년간의 수습기간 동안에는 정당한 사유가 없어도 해고할 수 있게 유연화시킨 법이다. 채용 후 2년간 해고할 경우, 고용인이 해고의 정당성을 입증해야 하는 것이 아니라, 피고용인이 해고의 부당성을 입증하도록 한 조항이 있다.

52) 장정일은 지젝 저서에 대한 서평에서 "무슬림은 이슬람에 대한 조롱을 참을 수 없었다고 말하지만, 조롱이 아니라 예의와 진지함을 갖춘 학구적인 비판이었다고 해보자. 그런 글이 이슬람에 수용될 수 있었겠으며, 그 글을 쓴 학자는 과연 테러를 피할 수 있었을까? 학자의 명망이 높으면 높을수록 그는 더더욱 테러를 면하지 못할 뿐 아니라, 진지한 비판은 오히려 그저 웃고 넘길 수 있는 조롱과 달리 이슬람에 그를 벌하지 않으면 안 될 정당성과 필연성마저 부여해 준다. 쿠아시 형제에게 살해당한 '샤를리 에브도'의 희생자들을 향해 '인과응보'라는 막말을 쏟아내는 좌파 지식인들 가운데 상당수는 아마도 그 학자의 죽음에 대해서도 이슬람과 같은 입장이거나 더 가혹하게 학자를 비난하고 나설 것이다. 이 책에서 지젝은 "샤를리 에브도에서 벌어진 살인을 분명하게 정죄해야 한다. 은밀하게 경고하듯이 정죄해서도 안 된다"라며, 이번 사건에 대해 도착적인 논변을 편 좌파 지식인들과 본인 사이에 분명한 선을 긋는다. 장정일의 서평, 한겨레신문 2015년 3월 6일자.

53) 슬라보예 지젝(Slavoj Zizek), 위의 책, 14면.

54) 슬라보예 지젝(Slavoj Zizek), 위의 책, 18면.

55) 이택광의 주장을 요약하면 다음과 같다. 장정일이 여기에서 상정하고 있는 "도착적인 논변을 편 좌파 지식인들"은 흥미롭게도 샤를리 엡도 테러 사건을 역사적이고 구조적인 맥락에서 살펴야 한다고 말했던 '한국 지식인들'을 암시한다. 기본적으로 유럽의 정치 지형도가 한국의 그것과 다르다는 사실은 삼척동자라도 알 수 있는 일이다. 유럽에서 좌파 진영으로 분류되는 세력은 사민주의자들과 마르크스주의자들이다. 한국처럼 '자유주의 좌파'가 좌파 진영을 대거 점거하고 있는 형세와 상당히 다르다고 할 수 있다. 지젝의 목적은 문명이라는 가면에 가려져 있는 자유주의의 한계를 까발리고, 이슬람 근본주의를 만들어낸 원인이 바로 자유 민주주의 체제라는 사실을 논증하는 것이다. 지젝이 굳이 괄호까지 쳐서 무엇인가를 가르쳐 주고자 했다면 그 대상은 파리 집회에 모여서 "나는 샤를리다"를 외쳤던 이들이다. 지젝은 이들에게 자유주의의 가치를 지키려고 한다면, 이슬람 근본주의를 이해할 수 없는 자유주의적 입장을 버리고 자신들보다 더 급진적인 좌파, 다시 말해서 마르크스주의자들과 연대해야 한다고 호소하고 있는 것이다. 지젝은 이슬람 근본주의자가 실제로 근본주의적이지 않고 서구를 닮으려고 하기에 열등감을 느낄 수밖에 없다고 말하는 것이다. 지젝은 여기에서 불교신도의 사례를 들면서 진정한 불교 근본주의자라면 서구의 쾌락주의자를 만났을 때, 열등감 따위를 느끼지 않을 것이라고 말한다. 왜냐하면 자신의 근본주의야말로 절대적으로 위대하고 우월하다고 믿을 것이기 때문이다. 이

택광, "장정일은 지제크를 물구나무 세웠다," 한겨레신문 2015년 3월 17일자.

56) 한겨레신문, 2015년 1월 20일자.

57) "표현의 자유인가, 가진 자의 조롱인가," 한겨레신문 2015년 1월 15일자.

58) Eric Zemmour, 위의 책, 410-417면. 불법체류자들이 관련된 마약 문제로 몸살을 앓고 있으면서도 불법체류자들에 대한 프랑스 정부의 대응은 영국과 비교해도 상당히 관대했다. 1996년에 발생한 '체류증요구시위'만 보더라도 프랑스가 이민자에게 관대하지 못해 테러를 한다는 주장은 근거가 빈약해 보인다. 이 사건과 관련한 제무르의 설명을 번역하여 요약하면 다음과 같다. "체류증 없는(sans-papiers) 300여 명의 말리인과 모리타니아인, 그리고 세네갈인들이 파리 18구에 있는 생 베르나르 성당 안에서 단식 투쟁을 하며 체류증을 줄 것을 요구했는데, 영화배우 엠마뉴엘 베아르 등 유명인들이 그들을 지지하며 함께 했다. 체류증 없는 이들의 투쟁은 1996년 8월의 열기와 함께 탄생했다. 체류증 없는 이들을 가리키는 'sans- papiers'란 말은 1968년 이래로 극좌파 성향의 글쓰기 '아틀리에'에서 생겨났다. 그들이 불법으로, 비밀스럽게 (프랑스에) 거주하는 게 문제가 아니라, 프랑스 정부가 그들에게 체류증을 주지 않는 게 문제가 되어 버린 것이다. 당시 '자크 데리다'는 체류증 없는 이들은 비밀스럽게 있는 것이 아니라, 이미 몇 년 전부터 살고·일하고 있었다고 하면서, 정부의 불공정성을 고발하고 나섰다. 그들은 불법으로 일하고 있었다. 2009년 프랑스 국가 부유의 14.8%가 지하 경제에 의한 것이었다. 이 지하 경제는 두 가지로 나뉜다: 불법 노동과 마약 거래. 만약 불법으로 프랑스에 온 이들이 빨리 일자리를 찾지 못하면 프랑스로 올 때 들인 돈을 갚기 위해 마약 쪽으로 손을 댄다. 그들이 번 돈을 본국에 있는 가족들에게 보내는 것으로, 경제 수지에 큰 역할을 하게 되어 그들 나라에서 멈추게 하지도 본국으로 돌아오게 하지도 못한다. 1996년 8월 23일 프랑스 특수 경찰들이 성당으로 들이닥쳐 그들을 체포하고 해산시켰다. 그들 대변인은 체포당한 얼마 뒤 체류증을 얻게 되었다. 그리고 5일 뒤인 28일 프랑스 정부는 그들 일부를 비행기에 태워 본국으로 보냈다. 이에 프랑스 내에서는 추방에 항의해 대규모 시위가 일어났다."

59) Eric Zemmour, 위의 책, 169-174면.

60) 제무르 역시 프랑스 지식인 특유의 감성으로 미국에 우호적인 입장을 가지고 있지 않다.

61) 독일의 '생활동반자법'을 염두에 두고 '동반자'라는 명칭을 사용하고자 한다.

62) 서울서부지방법원 2014호파 1842.

63) 독일연방공화국 기본법 제6조 ① 혼인과 가족은 국가의 특별한 보호를 받는다. ② 자녀의 양육과 교육은 부모의 자연적 권리이며 동시에 그들에게 최우선적으로 주어진 의무이다. 그들의 실행에 대하여 국가공동체는 감시한다. Grundgesetz für die Bundesrepublik Deutschland, Die Grundrechte Art 6 (1) Ehe und Familie stehen unter dem besonderen Schutze der staatlichen Ordnung. (2) Pflege und Erziehung der Kinder sind das natürliche Recht der Eltern und die zuvörderst ihnen obliegende Pflicht. Über ihre Betätigung wacht die staatliche Gemeinschaft.

64) 김병록, "혼인 및 가족 제도에 관한 연구, 동성 결혼 및 동성가족을 중심으로", 『법조』, 2009, 160면.

65) 김병록, 위의 논문, 160-161면.

66) 조홍석, "새로운 형태의 가족 : 헌법적 가능성과 한계", 『공법학연구』 8권 4호, 2007, 231-232면.

67) 오정진, "동성혼으로 말해 온 것과 말해야 할 것", 『가족법연구』 제23권 1호, 2009, 190-192면.

68) 오정진, 위의 논문, 205-208면.

69) 서울서부지방법원, 위의 판례 참조.

70) 서울서부지방법원, 위의 판례 참조.

71) 우병창, "일본가족법에 있어서 친족 제도의 법제사적 고찰", 『안암법학』, 안암법학회 (2007), 725면 이하.

72) 정현수, "가족법적 시각에서 본 형벌 법규상 친조그이 범위 - 형법 제328조 제1항의 해석론을 중심으로-", 『법학연구』, 전북대 법학연구소 (통권 제 42집, 2014), 293면 이하.

73) 김주수 · 김상용, 『親族 · 相續法 -家族法-』, 법문사, 2013, 443면.

74) 윤진수 외, 『주해친족법』, 박영사, 2015, 49-51면.

75) 정동호, "친족의 법적 효과", 『법학논총』, 한양대 법학연구소 (2006), 267면.

76) 한숙희, "친족법의 제 · 개정 경과와 과제", 『민사법학』, 한국민사법학회 (2010), 561면.

77) 김상용, "개정민법(친족 · 상속법)해설", 『법조』, 법조협회 (2005), 103면 이하.

78) 로널드 드워킨 · 염수균 역, 『법과 권리』, 한길사, 2010, 303-308면.

79) John Rawls, (Revised edition) A Theory of Justice, (Belknap, 1999), sec. 48.

80) 마이클 센델 · 이창신 역, 『정의란 무엇인가』, 김영사, 2010, 225면.

81) 로널드 드워킨 · 박경신 역, 『정의론, 법과 사회 정의의 토대를 찾아서』, 민음사, 2015, 403-406면.

82) 정의론을 보편성 차원에서 구성하거나 맥락적 측면에서 구성하는 것으로 분류하는 견해가 있다. 보편성을 추구하는 입장은 대체로 내용의 보편성이나 진리를 주장하는 태도를 보이는데 본고가 주장하는 보편적 정의의 원칙이란 게임의 정해진 규칙이 갖는 합법성이라는 수범자에게 발생하는 법준수 의무의 보편성이다. 합법성의 합리적 보편성도 포함한다. 정의론의 두 가지 분류방식은 David Miller, "Two Ways to Think about Justice", (Edited by Tom Campbell and Alejandra Mancilla) Theories of Justice (England : Ashgate, 2012), 3면 이하 참조.

83) "Gesetz zur Beendigung der Diskriminierung gleichgeschlechtlicher Gemeinschaften : Lebenspartnerschaften"이 정식 명칭이고 주로 이 법의 Artikel 1 "Das Gesetz über die Eingetragene Lebenspartnerschaft"의 §§1-19를 "생활동반자법 (Lebenspartnerschaftsgesets)"이라고 부른다.

84) 오정진, 위의 논문, 1900-192면.

85) 독일에서 혼인(혹은 결혼, Ehe)은 기본법 제6조에 근거하여 특별한 보호를 받는 것으로써, 동성 간의 결합은 생활동반자 혹은 생애동반자(Lebenspartnerschaft)라는 용어를 사용한다. '생활동반자'를 법률용어가 아닌 일상용어로써 동성 결혼(Homo-Ehe)이라고 지칭하고

있다.

86) BVerfGE 105, 313면. 동법률은 2004년 개정되었으며 개정 법률은 2005년 1월 1일부터 시행되었다.

87) BVerfGE 126, 400-433면.

88) BVerfGE 133, 59-100면.

89) BVerfGE 133, 377-443면.

90) 주요 정당의 의원들이 '생활동반자'라는 용어가 아니라, 대중의 일상 언어인 '동성 결혼(Homo-Ehe)'이라는 명칭을 사용한 것이 특이한 점이다.

91) "Steuerlicher Nachteil: CDU-Abgeordnete wollen Splitting für Homo-Ehe", 『SPIEGEL ONLINE』, 2012.8.6. http://www.spiegel.de/politik/deutschland/ehegattensplitting-cdu-abgeordnete-wollen-gleichstellung-der-homo-ehe-a-848570.html

92) Ibid, http://www.spiegel.de/politik/deutschland/ehegattensplitting-cdu-abgeordnete-wollen-gleichstellung-der-homo-ehe-a-848570.html

93) 자민당은 독일의 자유주의 정당인 자유민주당(Freie Demokratische Partei, FDP)의 약칭으로, 2009년부터 2013년까지 기민당-기사당 연합과 함께 연정을 구성했으나 2013년 총선 결과 5% 저지 조항을 넘지 못해 제18대 연방의회에서는 의석을 얻지 못했다. 자민당은 동성동반자들도 혼인한 부부와 동등한 지위를 가져야 함을 주장하고 있고, 연정 당시 이를 기민당-기사당 연합에 요구했었다.

94) 이 부분의 번역 내용 중 ( )를 통한 부연설명은 필자가 첨가한 것이다.

95) "Homosexuelle Paare: Merkel lehnt schnelle steuerliche Gleichstellung ab", 『SPIEGEL ONLINE』, 2012.8.13. http://www.spiegel.de/politik/deutschland/homo-ehe-merkel-lehnt-schnelle-steuerliche-gleichstellung-ab-a-849789.html

96) "Homosexuelle Paare: Union und FDP streitenüber steuerliche Gleichbehandlung", 『SPIEGEL ONLINE』, 2012.8.26. http://www.spiegel.de/politik/deutschland/fdp-und-cdu-streiten-ueber-homo-ehe-und-steuerliche-gleichbehandlung-a-852197.html

97) "CDU-Parteitag: 'Wilde 13' will Debatte über Homo-Ehe erzwingen", 『SPIEGEL ONLINE』, 2012.11.29. schland/cdu-abgeordnete-wollen-debatte-ueber-homo-ehe-auf-parteitag-a-870080.html

98) "Vor CDU-Parteitag: Merkel rät von steuerlicher Gleichstellung der Homo-Ehe ab", 『SPIEGEL ONLINE』, 2012.12.1. http://www.spiegel.de/politik/deutschland/merkel-spricht-sich-gegen-steuerliche-gleichstellung-der-homo-ehe-aus-a-870394.html

99) "Beschluss auf Parteitag: CDU lehnt Gleichstellung der Homo-Ehe ab", 『SPIEGEL ONLINE』, 2012.12.4. http://www.spiegel.de/politik/deutschland/cdu-lehnt-gleichstellung-der-homo-ehe-ab-a-871013.html

100) BVerfGE 133, 59-100면.

101) Philipp Wittrock, "Adoptionsrecht für Homosexuelle: Merkels Regenbogen-Problem", 『SPIEGEL ONLINE』, 2013.2.19. http://www.spiegel.de/politik/deutschland/urteil-zum-adoptionsrecht-koalition-streitet-ueber-homo-ehe-a-884351.html

102) Ibid.

103) "Kurswechsel: CSU stemmt sich gegen CDU-Wende bei Homo-Ehe", 『SPIEGEL ONLINE』, 2013.2.23. http://www.spiegel.de/politik/deutschland/homo-ehe-csu-wettert-gegen-kurswechsel-der-cdu-bei-gleichstellung-a-885195.html

104) "Homosexuelle Paare sollen doch gleichgestellt werden", 『Augsburger Allgemeine』, 2013.2.25. http://www.augsburger-allgemeine.de/politik/Homosexuelle-Paare-sollen-doch-gleichgestellt-werden-id24206871.html

105) "Homo-Ehe: Union greift Verfassungsgericht offen an", 『Zeit online』, 2013.2.27. http://www.zeit.de/politik/deutschland/2013-03/union-verfassungsgericht-homoehe

106) BVerfGE 133, 377-443면.

107) "Homo-Ehe: Union plant Schnellgesetz zu Ehegattensplitting", 『SPIEGEL ONLINE』, 2013.6.7. http://www.spiegel.de/politik/deutschland/homo-ehe-union-plant-gesetz-zu-ehegattensplitting-vor-der-sommerpause-a-904292.html

108) "Koalitionsstreit: Unionspolitiker lehnen Adoptionsrecht für Homo-Paare ab", 『SPIEGEL ONLINE』, 2013.6.8. http://www.spiegel.de/politik/deutschland/homo-ehe-unionspolitiker-wehren-sich-gegen-adoptionsrecht-a-904540.html

109) 「CDU-Kein Adoptionsrecht für Lebenspartner」, 『Die Welt』, 2013.9.3. http://www.welt.de/politik/deutschland/article119645269/CDU-Kein-Adoptionsrecht-fuer-Lebenspartner.html

110) Ibid.

111) 허핑턴포스트 2017. 6. 30. 기사, http://www.huffingtonpost.kr/2017/06/30/story_n_17341876.html

112) 渋谷区男女平等及び多様性を尊重する社会を推進する条例, http://www.s-kenpo.jp/archives/832 참조. 조례의 주요 내용은 결혼을 원하는 동성 커플에게 증명서 발급하고 증명서를 발급받은 동성 커플에 대해 가족과 동일한 자격으로 구청이 제공하는 공공임대주택 입주자격 부여, 사업자(고용주)의 책무로서 일체 차별 금지, 인사와 채용에서 차별 금지(임금, 승진, 고용), 병원 입원 시 배우자와 동등하게 입원동의서, 수술동의서에 동의할 수 있는 권한 부여, 회사의 결혼 축의금 지급 등에 있어 동등한 지급 등이다.

113) 清水雄大, "日本における同性婚の法解釈(上)", 『法とセクシュアリティ』第2号, 2007, 46-47면.

114) 대전시와 대전시의회는 2015년 6월 '양성평등 기본법'에 따라 제정돼 시행 중인 '양성평등 기본조례'를 '성평등 기본조례'로 전부 개정했다. 그러면서 '성소수자'와 관련한 내용을 추가했다. 이 조례는 지난 7월 1일부터 시행되었다. 그러나 '성소수자' 조항과 관련 기독교계의 반대 의견이 강력하게 개진되었다. 이에 대전시는 관련 조항을 삭제하고, 조례 명칭도 '양성평등 기본조례'로 변경하는 조례 개정을 추진했다. "성평등 기본조례 손대

려는 대전시 반인권이다", 『오마이뉴스』, 2015. 9. 7. http://www.ohmynews.com/NWS_Web/View/at_pg.aspx?CNTN_CD=A0002141923 참조.

115) 清水雄大「日本における同性婚の法解釈〈上〉『法とセクシュアリティ』第2号(2007年)」p. 46-47.

116) http://www.ne.jp/asahi/law/suwanomori/special/supplement3.html 스와노모리 법률사무소(諏訪の森法律事務所) 홈페이지 참조.

117) http://www.gayjapannews.com/news2007/news39.htm

118) 특별배우자법 전국네트워크 홈페이지 참조 http://partnershiplawjapan.org/japan/

119) 風間孝・河口和也「同性愛と異性愛(2010年)」p. 150-155.

120) 石原英樹「日本における同性愛に対する寛容性の拡大—「世界価値観調査」から探るメカニズム—」24p 그림1 참조.

121) http://www.geocities.jp/seisakuken2003/tyosa/title.html 血縁と婚姻を越えた関係に関する政策提言研究会(혈연과 혼인을 뛰어넘는 관계에 관한 정책제언 연구회)의 프로젝트 조사 결과.

122) http://emajapan.org/promssm EMA일본(동성혼의 법제화를 목표로 2014년 2월에 설립된 NPO법인)

123) THE PAGE 7월 8일 기사 青森の女性カップル 婚姻関係がないと制度上「生きづらい」http://headlines.yahoo.co.jp/hl?a=20140708-00000032-wordleaf-soci

124) http://r25.yahoo.co.jp/fushigi/report/?id=20140627-00036682-r25
http://blog.goo.ne.jp/kimkimlr/e/6f997602541ba03928e7e79f1171d0a3(기무라 교수 개인 블로그)

125) http://emajapan.org/ssmqaaEMA 일본 홈페이지「동성혼Q&A」코너 참조.

126) 清水雄大「日本における同性婚の法解釈〈上〉『法とセクシュアリティ』第2号(2007年)」75p.

127) http://rainbowpride-ehime.org/Site/TOP.html - 메뉴 중 〈정책 조사 프로젝트〉 참조.

128) 1969년 창당된 남한내 지하혁명조직 '통일혁명당'을 계승했다고 자처하는 한국민족민주전선(한민전)의 명칭이 2005년 23일부터 반제민족민주전선(반제민전)으로 바뀌었다. 통일뉴스, 2005년 3월 25일자 기사. http://www.tongilnews.com/news/articleView.html?idxno=53253 참조.

129) 한기홍, 『진보의 그늘, 남한의 지하혁명조직과 북한』, 시대정신, 2012, 161면 이하.

130) 조선일보 http://news.chosun.com/site/data/html_dir/2016/02/03/2016020300319.html 참조.

131) 2015. 5. 13. 미래 한국 기사,
http://www.futurekorea.co.kr/news/articleView.html?idxno=27808 참조.

132) 김동춘, 『대한민국은 왜?, 1945-2015』, 사계절, 2015.

133) 출처, http://lgbtpride.tistory.com/409.

134) 정종섭, 『헌법학원론』, 박영사, 2006, 422면.

135) 김종서는 명문상 국교금지(no establishment)만이 지적되어 있을 뿐 정교분리가 미국 헌법에 명문화되어 있지 않음을 주의할 것을 지적하고 있다(김종서, "미국적 신앙의 뿌리와 공민종교의 성립", 『미국 사회의 지적 흐름 : 정치·경제·사회·문화』, 서울대출판부, 2004, 357면). 김영수는 '정교분리'가 실정헌법에 명시된 국가들에 대해 설명하면서, 미국 수정헌법 제1조를 언급하고 있어 미국 헌법에 정교분리가 직접 명시되어 있는 것으로 이해할 논란의 여지가 있다(김영수, "종교의 자유와 정교분리에 관한 헌법적 고찰", 『미국 헌법연구』, 제2호, 1991, 187면). 미국 헌법은 '정교분리'를 직접규정하지 않고 있는 것으로 보는 것은 사실이다. '정교분리'의 내용은 직접적인 헌법규정이 아닌 헌법 해석론으로 확립되었다고 보는 것이 적절하다. 정교분리와 관련 주요판례로는 Lemon v. Kurtzman, 403 U.S. 602, 91 S. Ct. 2105, 29 L. Ed. 2d 745 (1971)와 Lynch v. Donnelly, 465 U.S. 668, 104 S. Ct. 1355, 79 L. Ed. 2d 604 (1984) 등이 있다. 그러나 헌법전에 직접 명시되어 있지 않다고 해서 '정교분리' 원칙이 헌법상의 원칙이 아닌 것이 아니므로, 즉 헌법 해석을 통해 헌법의 내용이 확인될 수 있는 것이므로 이 논쟁은 법리상 실익이 없다고 할 수 있다. '정교분리'가 미국 헌법상의 원칙이 분명한 이상 그것이 직접 명시되었는가 여부는 법리상 다툴 실익이 없다고 하겠다. 또한 국교금지 조항이 '정교분리'를 포함하는 것으로 해석할 수도 있다(정종섭, 『헌법학원론』, 박영사, 2006, 429면). 필자도 이 해석을 따른다.

136) 김종서, "미국적 신앙의 뿌리와 공민종교의 성립", 『미국 사회의 지적 흐름 : 정치·경제·사회·문화』, 서울대출판부, 2004, 351면.

137) 16세기 후반에 영국 국교회 내부에서 일어난 신교도의 한 파를 "Puritans"라고 지칭한다. 번역할 때 "Pilgrims"도 청교도로, "Puritans"도 청교도로 번역하였는데 결국 영국 청교도들을 일컫는 용어이다.

138) John J. Meng·E. J. Gergery, American History, pp.52-53(1959), Lawrence F. Rossow·Jacqueline A. Stefkovich, Education Law : Case and Materials (Durham, North Carolina : Carolina Academic Press, 2005), p. 771 재인용.

139) 김종서, 위의 글, 357-358면.

140) Lawrence F. Rossow·Jacqueline A. Stefkovich, 위의 책, p. 712.

141) Lynch v. Donnelly, 465 U.S. 668, 104 S. Ct. 1355, 79 L. Ed. 2d 604 (1984).

142) 이정훈, "학생인권 중심의 종교 교육법제 도입의 필요성", 교육부 교육과정 개정고시 종교 교육 개선 세미나 발표문(종교자유정책연구원 자료집) 인용.

143) Cochran v. Louisiana State Board of education, 281 U.S. 370, 74 L.Ed. 913, 50 S.Ct.335 (1930).

144) Everson v. Board of Education of the Township of Ewing, 330 U.S. 1, 91 L.Ed. 711, 67 S.Ct. 504 (1947).

145) 허영, 『한국헌법론』, 박영사, 2007, 407면, 권영성, 『헌법학원론』, 법문사, 2007, 485면, 정

종섭, 위의 책, 429면, 성낙인, 『헌법학』, 2007, 법문사, 410면.

146) 서울고등법원 2006.11.16. 선고 2006나21639.

147) 헌법재판소 2006헌마20 오천원권지폐 문양도안 위헌확인.

148) 연합뉴스 보도자료 2006년 11월 22일.

149) 법보신문 2006년 12월 14일.

150) 허영, 위의 책, 274면.

151) 콘라드 헷세(Konrad Hesse)/ 계희열 역, 『통일독일헌법원론』, 박영사, 2001, 200면.

152) 허영, 위의 책, 277면.

153) 헌법재판소 1990. 9. 3. 80헌가 95; 헌법재판소는 기본권 제한 입법의 한계로 과잉금지의 원칙 위배 입법의 금지와 목적의 정당성, 방법의 적절성, 피해의 최소성 등의 원칙을 제시했다.

154) 로베르트 알렉시(Robert Alexy)/ 이준일 역, 『기본권 이론』, 한길사, 2007, 87-90면.

155) 알렉시는 "국가의 기초 그 자체의 속하고, 헌법에서 그 자체로 인정된 그러한 권리만이 오로지 기본권"이라고 규정한 슈미트의 정의를 비판한다. 슈미트의 견해에 따를 경우, 주관적 권리로서의 개인적 자유권만이 기본권으로 인정되는 문제를 지적하고 있다; 로베르토 알렉시, 위의 책, 88-89면.

156) 로베르트 알렉시, 위의 책, 335면.

157) 중앙일보, "정치적 중립 어겼다고요? 인헌고 교사 옹호 대자보 붙어," [https://news.joins.com/article/23618609(중앙일보, 2019. 10. 29. 확인)]; 조선일보, "인헌고 교장·교사, '직권남용' 檢 고발당해…교육가치 무너진 사건," [http://news.chosun.com/site/data/html_dir/2019/11/05/2019110502925.html(조선일보, 2019. 11. 05. 확인)]; 펜앤드마이크, "서울 인헌高 학생들 폭로, 교사들, 反日 파시즘 주입…반발하는 학생에겐 '일베', '수구' 매도," [https://www.pennmike.com/news/articleView.html?idxno=23515(2019. 10. 19. 확인)]; 오마이뉴스, "인헌고 학생 256명 토론회, 우릴 먹잇감 삼지 말라" [http://www.ohmynews.com/NWS_Web/View/at_pg.aspx?CNTN_CD=A0002582549(2019. 10. 30. 확인)]

158) 조효제, 제10판 『인권의 문법』, 후마니타스, 2015, 23면.

159) 조효제, 앞의 책, 24-27면.

160) 장동진, 『심의 민주주의: 공적 이성과 공동선』, 박영사, 2012, 9면.

161) 장동진, 앞의 책, 44면; John Rawls, *Political Liberalism*, Columbia Univ. Press, 1993, 213-214면.

162) 장동진, 앞의 책, 38면.

163) 최봉철, "권리의 개념에 관한 연구-의사설과 이익설의 비교", 권리와 인권의 법철학, 세창출판사, 2013, 3-27면; 김도균, "권리담론의 세 차원: 개념 분석, 정당화, 제도화", 같은 책,

52-78면.

164) 조효제, "옮긴이 해설", 샌드라 프레드먼(조효제 역), 『인권의 대전환』, 교양인, 2015, 25면.

165) 곽준혁, "공화주의와 인권", 『인권의 정치사상-현대 인권담론의 쟁점과 전망』, 이학사, 2010, 177면.

166) 곽준혁, 앞의 책, 181면.

167) '유모 국가'(nanny state)는 샌드라 프레드먼이 사용한 개념이다. 국가에 적극적인 인권 충족 의무를 부과하자고 하면, 흔히 국가에게 너무 많은 권력을 주자는 말로 오해한다. 인권 충족의 실효성과 국가의 의무를 주장하는 것은 유모가 돌보는 아기의 생활에 모두 간섭하고 관여하는 것처럼 국가가 마음대로 개인의 삶에 개입하고 돌보는 것을 허용한다는 의미가 아니다. 샌드라 프레드먼은 인권 충족 의무는 본질적으로 사람들을 '자력화'하도록 돕는 국가의 역할을 설명한 것이고, 그 의무는 인권 충족을 돕는 "촉진적 국가(facilitative state)"에 의해 실현될 수 있다.

168) 샌드라 프레드먼(조효제 역), 『인권의 대전환』, 교양인, 2015, 60-61면. Sandra Fredman, *Human Rights Transformed-Positive Rights and Positive Duties*, Oxford Univ. Press, 2008. 참조.

169) 샌드라 프레드먼(조효제 역), 앞의 책, 66면; "Maastricht Guidelines on Violations of Economic, Social and Cultural Rights," (1998) 20 Human Rights Quarterly 691 (Guideline 6).

170) 샌드라 프레드먼(조효제 역), 앞의 책, 66면.

171) 경찰의 무혐의 처리로 종결된 성추행 사건에서 교사를 교육청 산하 학생인권센터에서 당해 교사를 소환하고 재조사하는 과정에서 교사가 자살하는 극단적 사건이 발생했다. 관련 기사는 https://news.joins.com/article/21838081 참조.

172) 드라 프레드먼(조효제 역), 앞의 책, 93-94면.

173) 정상우, "헌법상 교육의 정치 중립성과 공법적 과제", 공법연구 제44집 제1호, 한국공법학회, 2015. 10, 5면. 헌법재판소도 이런 취지로 교육의 자주성에 관해 판시하고 있다. 헌재 2002. 3. 28. 선고 2000헌마283 등.

174) 헌재 1991. 7. 22. 선고 89헌가106 결정; 헌재 1997. 12. 24. 선고 95헌바29 결정.

175) 정종섭, 『헌법학원론』, 박영사, 2015, 799면.

176) 표시열, 『교육법』, 박영사, 2007, 133면. 표시열은 교육의 자주성 개념에 중립성 개념이 포함된다고 했다. 상호 보완적 관계라는 주장은 정상우, 앞의 논문, 5-6면.

177) 조석훈, "교육의 정치 중립성의 법적 해석과 적용", 교육법학연구 제27권 3호, 대한교육법학회, 2015. 12, 295면 이하.

178) 조석훈, 앞의 논문, 299-300면.

179) 신현직, 『교육법과 교육기본권』, 청년사, 2003, 403면 이하.